你的善良和你的鋒芒

馬一帥——著

目錄
contents

第三章

第四章

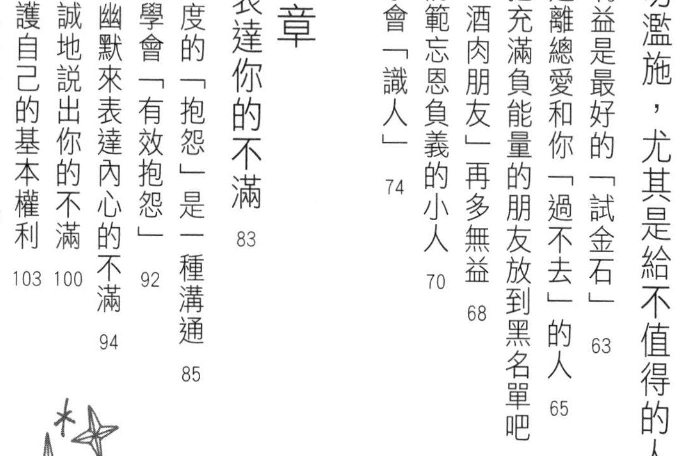

目錄
contents

你的善良和你的鋒芒

目錄

contents

Preface

前言
善良你的鋒芒，鋒芒你的善良

1

我們需要善良，但是不要過度善良。愛默生說過：「你的善良，必須有點鋒芒，否則就等於零。」

你以爲的善良，有時其實只是懦弱，如果你習慣了「吃虧」，習慣了沉默，習慣了委屈自己，習慣了不拒絕所有人，你便會忘記，其實你可以有態度，可以有觀點，可以有能力，可以過你想要的生活。

2

當我們步入這個充滿競爭的現實社會，過度善良，往往容易成爲一種傷害。

我們的過度善良，在一些別有用心的人眼裡就是「傻」，於是他們總是想從你這裡撈點「油水」，占點便宜。

俗話說得好：「害人之心不可有，防人之心不可無。」一方面，與人相處，我們不能心懷詭計，總是和別人「耍心眼」、玩「心計」。否則就難以交到真朋友，更談不上擴大自己的「人脈圈」，事業的成功也只能是一紙空談。

另一方面，我們也不能太過老實，任人「宰割」，對誰都一味地「掏心窩」，那樣「吃虧」的必將是自己。

在這個競爭激烈的社會，我們如果不想處處碰壁，就必須懂得一些生存的「潛規則」，適當地掌握一些基本的人情世故、做人藝術和處世技巧。

比如，在某些場合，我們要善於「吃虧」、敢於「吃虧」，但是不能吃「啞巴虧」；我們要學會爲自己爭取利益，但不能不講原則，不能不擇手段地去搶別人的功勞；

我們要學會贏得人心，找到生命中的「貴人」，但不能機關算盡、不勞而獲；我們要與人爲善，但不能讓惡人利用我們的善良作威作福；

我們要說真話，但不能不分場合、不分對象，要懂得有所保留，該說的說，不該說的不說……

我們決不可拘泥於善良，無知地自我陶醉。換句話說，我們的善良，必須有點鋒芒。

3

地球是圓的，萬物是活的，人心是多變的。靈活地運用做人之道，我們才能在這個社會中，爲自己塑造一個有形的「自我」，爲自己贏得一片更寬廣的生存之地。

本書告訴我們，在善良、真誠、寬容的基礎上，我們還應該明白「水流不腐，人活不輸」的道理。做人不應該一成不變，而應該根據環境的變化來相應地調整自己。

本書教我們拋開呆板的思維和處世方式，教我們憑著自己的智慧和膽識，在善良、真誠、寬容的基礎上，掌握做事的分寸，智慧靈活地待人接物。如果做到了這些，我們的人生道路必然會少很多曲折和坎坷！

第一章

寬容忍讓還是放縱懦弱？

我們主張，人應該是有鋒芒的，
雖然不必像刺蝟那樣全副武裝、渾身帶刺，
至少也要讓那些兇猛的動物感到無從下口，
倘若張口咬你只會得不償失。

1 善與惡的距離

在我們身邊，到處都有這樣的「受氣者」，他們看起來軟弱可欺，最終也必然爲人所欺。一個人表面上表現出來的軟弱更容易助長和縱容別人對自己的侵犯。

在社會上，尤其是職場上，一味地忍讓並不可取。真正的生存法則是勇敢面對，從每件小事開始做起，把握原則，堅持真理，杜絕邪惡，不要讓他人的無理越演越烈，最後發展到無法收拾的地步。

對待善良的人善良，這是本分，若是對待兇惡的人還是一味地善良，表現得太過溫和、仁慈，則往往會被對方欺負。

《水滸傳》裡有這樣一段劇情：

林沖被高俅栽贓誣陷，進而被發配滄州，路上被押送的官差欺辱。甚至，在經過野豬林時，兩個押送他的官差還準備結果了他的性命。

眼看著大刀就要落到林沖的腦袋上，在這千鈞一髮之際，魯智深彷彿從天而降，他大喝一聲，挑開官差的大刀，緊接著三拳兩腳就把他們打得屁滾尿流，磕頭求饒。

魯智深那滿臉張揚的鬍鬚、不怒而威的神態、膀大腰圓的身架，以及手中那把月牙大禪杖實在是讓人望而生畏，更何況是在他發怒的時候呢！

再看林沖，則是一副柔弱斯文的模樣，哪裡有一點八十萬禁軍教頭的威風和派頭？林沖心地雖善良，卻有一點迂腐和不懂變通，真是空有一身的好本領！

人們在同情林沖的不幸的同時，也往往會感嘆他的軟弱——他被兩個官差所欺，也有他自身的原因。林沖的武功在魯智深之上，解決兩個官差絕對不在話下，即使帶著枷鎖也毫不費力。但就是因爲他表現得太善良，所以才被兩個小人欺負。如果他能有魯智深的霸氣，就不會落得差點被殺的下場了。

此時，如果善不是惡的對手，那是善的一種無奈，但如果善能戰勝惡，卻不願意去戰勝惡，而只是幻想自己的善能夠感化惡，而任由惡來欺負自己，聽從惡的擺佈，那就是善的悲哀了。

2 處處討好，只能吃力不落好

不知道你有沒有遇到過這樣的情況：不分場合地示人微笑，人家覺得你沒個性；你胸無「城府」地多次借錢給朋友，對方很快習以爲常，你倒是被逼入兩難的境地——不借，怕傷感情。借，白遭損失……這便是一個典型的無原則的「濫好人」，處處討好卻不落好。

職場中人，尤其是初涉職場的新人，一定要記住，和同事相處，我們不能做「壞人」，但也別做毫無原則的「濫好人」。

做人要「有稜有角」，不要以爲別人給你安個「好人」的稱號你就可以放棄自己的個性。當然，不讓你做「濫好人」並不是不讓你做好人。

做好人，首先要確立自己做人的原則。有道是，君子有所爲，有所不爲。例如，寧可捨身救人，也不幫助邪惡小人；寧可送東西給那些需要幫助的人，也不借東西給那些把你當作棋子說丟就丟的人……這都是原則。

有了原則，對別人的要求你就不會照單全收。但如何堅守原則常常也是「好人」的困擾所在，因此要有**拒絕的勇氣**。如果你能善於拒絕，別人自然就不敢隨便向你提無理或不利於你的要求了。

讓他人瞭解你的處世原則，可以採取事前打「預防針」的方式，這樣就會在一開始「封住」別人的要求。這種方式是在日常行爲當中，適時地「透露」一些自己做事的原則，不經意地告訴別人一些自己的「忌諱」。以「預防」爲主，會讓你省卻許多麻煩，畢竟開口說「不」，對一個好人來說更難一些。

還有一點，待人處世的原則要以明辨是非與獨立思考的能力做後盾，否則人就容易拒絕不應拒絕的事，接受不該接受的要求。

3 但求無愧我心

生活很累，是現代人的普遍感受，這很大程度上是因爲追求完美。也許你已經發現，不管自己是多麼努力，行爲是多麼正確，自我反省是多麼深刻，都永遠達不到所有人對自己的要求。世界這麼大，人的思想觀點迥異，企求人人一致地贊同一件事，難乎其難，甚至是不可能的。

每個人都會有他自己的想法，都會根據自己的想法來看待世界。所以，不要試圖讓所有的人都對你滿意，否則你將永遠得不到快樂。

父子倆牽著驢進城，半路上有人笑他們：真笨，有驢子不騎！

父親便叫兒子騎上驢，走了不久，又有人說：真是不孝的兒子，竟然讓自己的父親走路！

父親趕快叫兒子下來，自己騎到驢背上，又有人說：真是狠心的父親，不怕把孩子累著！

父親連忙叫兒子也騎上驢背，誰知又有人說：兩人騎在驢背上，不怕把那瘦驢壓死？

父子倆趕快溜下驢背，把驢子四肢綁起來，用棍子扛著。經過一座橋時，驢子因為不舒服，掙扎起來，結果掉到河裡淹死了！

很多人就像這故事中的父親一樣，人家叫他怎麼做，他就怎麼做；

誰抗議，就聽誰的！結果呢？大家都有意見，而且大家都不滿意。

一個人要做到面面俱到，不得罪任何人，是絕對不可能的！因爲你不可能顧到每個人的「面子」和利益，你也不可能顧到每個人的立場，每個人的主觀感受和需要都不同，你要讓每個人滿意，事實上，就是讓所有人都不滿意！

結果，爲了照顧所有人，反而把自己弄得身心俱疲。

那應該怎麼做？**做你該做的**！也就是說，你認爲對的，就不動搖地去做，參考別人的意見時要看意見本身，而不是看別人的臉色。這麼做有時確實會讓一些人不高興，但你的不動搖，卻可在事後贏得這些人的尊敬，畢竟人還是要服膺公理的，除非你的堅持純屬出於私心！

俗語說：「豈能盡如人意，但求無愧我心。」

一次，一位詩人把自己的得意詩作拿到廣場上去展示，很自信地對人們說：「如果你們認為有敗筆，盡可以指出。」

到了晚上，詩人的作品上標滿了記號，人們挑出了無數個他們認為是敗筆的地方。

詩人非常不甘心，靈機一動，又寫了一首完全相同的詩拿到廣場上展示，不同的是，這次他請人們標出詩中的妙處。

結果到了晚上，詩人看到所有曾被指責為敗筆的地方，如今都換成了讚為妙處的記號。於是，詩人得出一個結論：

「我發現了一個奧秘，那就是不管我們幹什麼，只要使一部分人滿意就夠了，因為在有些人看來是醜惡的東西，在另一些人的眼裡，恰恰是美好的。」

詩人的大悟，對我們對待非難、誹謗應採取何種態度也有所啓發；而詩人的這種做法，也可以在一定程度上幫助我們想出如何減輕非難、誹謗的方法。

我們在爲人處世時經常根據別人的反應來決定自己的做法，而很少按自己的意願去行動，尤其是在關於「成功」「幸福」之類重要的問題上，一切似乎已經有了約定俗成的標準。

佛洛伊德說：「簡直不可能不得出這樣的印象，人們常常運用錯誤的判斷標準——他們爲自己追求權力、成功和財富，並羨慕別人擁有這些東西，他們低估了生命真正的價值。」

心理學家指出，如果給出兩組完全相同的人像，在一組人像下寫「殘暴」「兇惡」「狠毒」一類的詞，在另一組人像下寫「果敢」「勇毅」「頑強」一類的詞，請兩組被試者對人像做職業估計，那麼前一組人像很可能被猜爲罪犯，而後一組人像則可能被猜爲軍人。

人們的內心有一種很強烈的接受外界暗示和通過語言、形象的傳播媒介樹立形象的欲望，它構成了所謂的「心理導向效應」。

懂得了這一點之後，你如果要使自己擺脫困境，減少壓力，爭取更多的贊同，就可以根據不同的情況採取不同的措施。讓每個人都滿意是不可能，也是沒有必要的。

事實上，一個人是不可能讓所有人都對自己滿意的，即使已經盡心盡力在做了，還是會有讓別人不滿意的地方。因此，最重要的是要對自己的良心、對自己的努力負責。

人如果太在乎別人的讚美，會變得驕傲、得意；如果太在意別人的批評，會覺得懊惱、無奈，對自己或是對事情都會有不好的影響。所以，最好的方法應該是：保持一顆平常心，把事做好。

不要爲了讓周圍每個人都對你滿意而處處謹小慎微，不要因爲太過顧及他人的眼光而改變自己的言行，不要爲了讓所有人都滿意而委屈了自己。

情緒的過分緊張和焦慮，會影響一個人的生活情趣和解決問題的能力，對於生活中遇到的始料不及的事，應該學會**放鬆**，**調節自己的情緒**，**保持生活的規律和睡眠的充足**，以飽滿的精神狀態去面對，並學會傾訴和尋求幫助來排解不快。人活一世不容易，何必事事都在意？坦然一點，淡定一點，樂觀地面對生活吧。

4 小心「善變」的人

生活中，我們常常會碰到這樣的人：你「有用」的時候，他竭盡所能地巴結你、討好你；等你沒有了利用價值，他便像丟棋子一樣，把你丟在一邊。

這樣「變臉」比變天還快的小人當然是不可交的。可是，對方偽裝成另外一副模樣的時候我們並不容易察覺到，等到出現問題了，也只能自己承受後果了。

善於「變臉」的人，通常當面一套，背後一套，過河拆橋，不擇手段。他們在你春風得意時，會對你點頭哈腰、笑容滿面；而當你遭受挫折、風光盡失後，則會滿臉不屑，避而遠之。

這種慣於使用「變臉術」的「朋友」，對你永遠也不可能有什麼真心。所以一旦發現這種小人，就應該儘快遠離他們，千萬別被這種「朋友」迷惑住了。

在生活中，我們一定要謹防那些慣於把別人當棋子來利用的小人，這樣的人總是以利益爲重，毫無公德可言。所以，當你發現身邊有這樣的人時，請儘早遠離；如果你並不知道對方是否是「善變」的人，那就應該多加觀察、分析，以防上當受騙。

5 妥協過了頭，就是對自己的傷害

迪士尼經典動畫《小熊維尼歷險記》裡有這樣一個片段：

老虎每天總是跳來跳去，兔子不喜歡他這樣。

後來老虎發生了一次意外，向兔子發誓再也不跳了。可後來當大家看到老虎落寞的背影時，便開始紛紛議論，說他們還是更喜歡以前那個跳來跳去的老虎。

在其他動物的壓力下，兔子不願傷了大家的感情，於是很快改口說，其實自己也很喜歡那個跳來跳去的老虎。本來已經落寞離開的老虎，又蹦蹦跳跳地回來了。

我們在生活裡經常遇到和兔子類似的情形：我們不喜歡某人，卻因爲別人對他的誇讚，也跟著人家改口說喜歡；我們不喜歡做某事，可因爲別人想做，而自己又不好意思拒絕，就只能成了人家的「應聲蟲」。我們不僅不能對自己討厭的人和事大聲說「不」，還要強顏歡笑、隨聲附和。

這看上去似乎有些無可奈何，可細細想來，我們之所以會身不由己，其實都歸咎於那些毫無原則的妥協。

妥協就是讓步，以避免爭執和衝突。在人際交往中，妥協往往意味著接納、包容與讓步。妥協的意義，在於它能夠讓人際關係更加和諧，減少不必要的紛爭，使各種矛盾更容易化解。儘管妥協是與人相處時必不可少的一種品質，但這並不意味著我們就要無休止地妥協下去，尤其是在自己內心不願意的時候，更不應一味地遷就和讓步。

不恰當的妥協就是委屈自己去做那些自己不想做的事。有的人本來懷著善意，從一開始便選擇讓步和順從，但是這種近乎寵溺的相處方式，會漸漸讓對方覺得「順從自己」是理所應當。到最後，一味地妥協不僅得不到他人的好感，反而可能惹禍上身。

順從別人讓對方滿意，似乎是表達自己的善意的好方式。但任何事情都有兩面性，如果妥協過了頭，就變成了姑息和縱容。所以，妥協要掌握合適的尺度，不要用犧牲自己的個性、尊嚴甚至健康的方式去換取別人的好感。如果不想做就要直說，不要擔心會傷了大家的感情，尤其是在對方提出明顯對自己不利的要求時。

6 拒絕不懷好意的「交情」

在社會中，有很多喜歡「套交情」和阿諛奉承的人。他們像小丑一樣不遺餘力地與他人「拉關係」，說著口是心非的奉承話，他們大都有著一些自己的目的，或是爲了保住自己的「飯碗」，或是爲了得到上司的重用，無非都是爲了謀取個人利益。

《省心錄》中有云：「輕諾者，信必寡；面譽者，背必非。」那些善於在別人面前溜鬚拍馬、阿諛奉承的人，往往並非出於真心。如果不對這樣的人加以防備，就容易被他們的獻媚之舉所迷惑，給自己帶來傷害。

《鄒忌諷齊王納諫》一文中有這樣一句：「吾妻之美我者，私我也；妾之美我者，畏我也；客之美我者，欲有求於我也。」下餌是爲垂釣，張網是爲捕獲，搖尾是爲乞憐。很多人都愛聽「好話」，但聽好話時不能不辨是非、「照單全收」。

宋璟是武則天時期的重臣，以剛正不阿著稱。

有一回，一個人轉交給他一篇文章，說這篇文章的作者很有才華。宋璟本是愛才之人，於是放下手中的公務，認真地讀起這篇文章來。

起初，宋璟覺得這篇文章確實寫得很好，文章的作者理應受到重用。可他越讀到後面，越覺得不對勁，直到最後才終於明白，這個作者寫這篇文章的目的其實是巴結自己。

在這篇文章裡，作者對自己極盡吹捧之能事。這不僅沒讓宋璟對那個作者產生好感，反而使宋璟十分生氣。

他對送文章的人說：

「這個人的文章不錯，但品行不端，想靠巴結我來升官，重用他對國家是絕對沒有好處的。」

最後，這個人沒能如願以償得到重用。

由此可見，宋璟其人能夠明辨是非，不會陷入巴結吹捧之人的彀中。我們對自己也應該有清醒的認識，不要在別人不著邊際的誇讚面前沾沾自喜，更不要因爲別人不懷好意的「套交情」而失去自己的原則。

雖說「伸手不打笑臉人」，但對那些目的明確的「套交情」之輩，千萬不要不好意思拒絕。

第二章

為什麼善良卻不討人喜歡？

生活中，我們會發現這麼一類人，
他們本性善良，待人熱情，
但是依舊不討人喜歡，好心卻最後辦了壞事……

1 答應別人，要看自己能不能辦到

當朋友託我們辦事時，我們盡力提供幫助是理所應當的。但是，辦事要量力而行，不要做「言過其實」的許諾。因爲，諾言能否兌現除了個人努力的因素，還有客觀條件的制約。

平時可以辦到的事，由於客觀環境變化了，一時辦不到，這種情形也是常有的。因此，我們在朋友面前不要輕率地許諾，更不要明知辦不到還「打腫臉充胖子」，在朋友面前逞能，許下讓自己「寡信」的「輕諾」。否則，當我們無法兌現諾言時，我們不僅得不到朋友的信任，還會失去這個朋友。

有些人是因爲不好意思拒絕別人而向別人承諾，有些人則喜歡胡亂吹噓自己的能力，經常隨便向別人誇下海口，承諾自己根本辦不到的事，結果不但事情沒有辦成，自己的「人緣」也沒有了。

一旦許下諾言，就不要反悔——人不能言而無信。所以，不要輕易向人承諾——**不輕易向人許諾你辦不到的事**——這是不失信於人的最好方法。

要樹立守信的形象並不容易，最重要的一條是：別答應你無法兌現的承諾。這不僅是一個主觀上願不願意守信的問題，也是一個有無能力兌現的問題。一個人經常答應自己無法完成的事，會使別人一次又一次地失望，也會使自己的形象越來越差。

一個商人臨死前告誡自己的兒子：「你要想在生意上成功，一定要記住兩點：守信和聰明。」

「什麼叫守信呢？」兒子焦急地問。

「如果你與別人簽訂了一份合同，而簽字之後你才發現你將因為這份合同而傾家蕩產，那麼你也必須照約履行。」

「什麼叫聰明呢？」

「不要簽訂這份合同。」

我們在這裡強調不要輕率地對他人做出許諾，並不是一概不許諾，而是要三思而後行，儘量不說「這事沒問題，包在我身上」之類的話，要給自己留一點餘地。順口的承諾，往往是一條只會勒緊自己脖子的「繩索」。

對待他人的要求，要注意分析，不能一概滿足。必須搞清楚他人的要求是正當的還是不正當的，是否符合原則或規範。千萬不能礙於情面，有求必應、有求必辦。

對待他人的要求，是否要拒絕，該如何拒絕，下面幾點可供借鑒：

◎問清目的

他人要求你幫助或希望與你合作完成某事時，你必須首先問清楚是什麼事、動機是什麼、目的何在。如果是正當的，在你力所能及的範圍內可儘量提供幫助，以盡朋友之誼。假如對方的要求，你認爲超出了正常範圍，就應該毫不猶豫地拒絕。

◎ **態度堅決**

無論對方的要求多麼懇切，只要你認爲不能接受，便要態度明確、堅決地予以拒絕，不能留有餘地。也不要給對方出主意，否則，你仍難脫「干係」，說不定他還會來找你，讓你想辦法。

◎ **接受指責**

遭到了拒絕，對方的要求不能達到，他往往會對你加以指責。對此，你可以表示接受。這裡需要注意的是，千萬不能中了對方的激將法。如對方說：「我就知道你做不到，看來果然如此。」對此，你不妨報之一笑，承認自己能力有限。

◎ **消除愧疚**

拒絕他人的要求，對方可能會愁眉苦臉、唉聲嘆氣。這時候，你沒必要自責，也沒必要感覺愧疚。既然拒絕了，自然有你拒絕的理由。最好的做法是，用你的正當理由來消除自己內心的愧疚，達到心理上的平衡。

◎ **電話拒絕**

有時候人會礙於「面子」，當面不好意思拒絕他人。這種情況下，你可以讓對方先回去，告訴對方等你考慮後再給他答覆。然後，打個電話把你的意見告訴他。這樣，可以避免不好啓齒或造成尷尬的情況出現。

2 指出他人的錯誤要有技巧

有一句流行語是「人艱不拆」，意思是，人生已經如此艱難，何必要去拆穿？很多時候你自以爲好心，善良地提醒了他人的錯誤，事實上對方非但不會感激你，還會對你心懷不滿。

因爲，很多時候，當人們犯了錯誤時，並非意識不到犯了錯誤，只是因爲「面子」頑固地不肯承認而已。所以，當你對一個人說「你錯了」時，必然會撞在他固執的牆上。

很多時候我們不願承認自己的錯誤，完全是情緒作用，跟事情本身沒有關係。既然我們自己會這樣，那麼就可以理解別人也會這樣，因此不要把所謂的「正確」硬塞給別人。

有一位汽車代理商在處理顧客的抱怨時，常常是冷酷無情，絕不肯承認是自己這方的錯誤，總想證明問題的根源是顧客在某些方面犯了錯誤。

結果，他每天陷於爭吵和官司糾紛中，心情一天比一天差，生意也大不如以前。

後來，他改變了處理客戶抱怨的方法。

當顧客投訴時，他首先說：「我們確實犯了不少錯誤，真是不好意思。關於你的車子，我們有什麼做得不合理的地方，請你告訴我。」

這個辦法很快使顧客「解除武裝」，由情緒對抗變成理智協商，於是事情就容易解決了。如此一來，這位代理商就能輕鬆地處理每件事情，生意也越來越好。

當我們說別人錯了的時候，對方的反應常讓我們頭疼，而當我們承認自己錯了時，就絕不會有這樣的麻煩。這樣做不但可以避免爭執，而且可以使對方進行反思，進而承認他也可能錯了。

不要對別人的錯誤過於敏感，不要執著於所謂正確的意見，不要輕易刺激別人。如果你要使別人同意你，應應當牢記一句話：「尊重別人的意見，永遠別說『你錯了』。」

3 要「熱情」，也要保持距離

每個人都需要一個能夠把握的自我空間，它猶如一個無形的「氣泡」，爲自己劃分了一定的「領域」。當這個「領域」被他人觸犯時，人便會覺得不舒服、不安全，甚至開始惱怒。

許多人都有這樣的經驗和體會：與某人的關係越親密，就越容易與其發生摩擦和矛盾，反倒不及初次見面時容易交往。家庭成員、情侶之間常常相互埋怨，正是這種情況的表現。按理說，應該是交往得越深，就越容易相處，人際關係也越好，可事實並非如此。原因何在？

這其實可以用心理學上的「**刺蝟法則**」來解釋。那麼，什麼是「刺蝟法則」呢？

「刺蝟法則」說的是這樣一個有趣的現象：

在寒冷的冬季，兩隻困倦的刺蝟因爲寒冷而擁抱在了一起，但是由於牠們各自身上都長滿了刺，緊挨在一起就會刺痛對方，所以無論如何都睡不舒服。因此，兩隻刺蝟就分開了一段距離，可是這樣又實在冷得難受，因此牠們就又抱在了一起。

折騰了好幾次，牠們終於找到了一個合適的距離，既能夠相互取暖又不會被刺痛。這就是人們所說的在人際交往過程中的「心理距離效應」。

在現實生活中，這種例子不勝枚舉。比如，一個你原來非常敬佩的人，與其親密接觸一段時間後，對方的缺點日益顯露出來，你就會在不知不覺中改變自己對其原有的感情，甚至變得對其非常失望與討厭。這種情況在夫妻、戀人、朋友之間都不例外。

曾有人做過這樣一個實驗：在一個大閱覽室中，當裡面僅有一位讀者的時候，心理學家進去坐在他（她）身旁，來測試他（她）的反應。結果，大部分人都快速地遠離心理學家，走到別的地方坐下，還有人非常乾脆明確地問：「你想幹什麼？」

這個實驗一共測試了八十個人，結果都相同：在一個僅有兩位讀者的空曠閱覽室中，任何一個被測試者都無法忍受一個陌生人緊挨著自己坐下。

由此可見，人和人之間需要保持一定的空間距離。

法國前總統戴高樂曾經說過：「僕人眼裡無英雄。」這說明了在交往深入的過程中，每個人都應該留有一定的餘地——相應的心理距離，否則偉大也會變得平凡。

美國著名人類學家愛德華．霍爾博士認為：「通常而言，彼此間的自我空間範圍是由交往雙方的人際關係與他們所處的情境來決定的。」據此，他劃分了四種區域或者說是距離，每種距離分別對應不同的關係，可供我們參考。

（1）**親密距離**

這是人際交往中的最小距離，甚至被叫作零距離，也就是人們經常說的「親密無間」。

它的近範圍是在六英寸（約零點一五米）內，在此距離內，人們相互之間可以肌膚相觸，耳鬢廝磨，能夠感受到對方的體溫、氣味以及氣息。

它的遠範圍是六至十八英寸（零點一五至零點四四米），在此距離內，人們可以挽臂執手或者促膝談心，通過一定程度上的身體接觸來體現出相互之間親密友好的關係。

在現實生活中，這種距離主要出現在最親密的人之間。在同性間，僅限於貼心朋友；在異性間，則僅限於夫妻與戀人。

所以，在人際交往過程中，倘若一個不屬於該親密距離的人在沒有經過對方允許時隨意闖入這個空間，無論其用心與目的怎樣，都是不禮貌的行為，會引起對方的反感與彼此的尷尬，到頭來只能是自討沒趣。

（2）個人距離

這是在人際交往過程中稍有分寸感的距離。在此距離內，人們相互之間直接的身體接觸不多。

其近範圍在一點五至二點五英尺（零點四六至零點七六米），以能夠互相握手及友好交談爲宜。

這是熟人之間交往的距離。若是一個陌生人貿然進入此空間，就會造成對他人的侵犯。

其遠範圍在二點五至四英尺（零點七六至一點二二米）。所有朋友與熟人都可以自由進入該距離，但一般情況下，和比較融洽的熟人談話時，距離更靠近遠範圍的近距離（二點五英尺）一端，而陌生人之間交往時則更靠近遠範圍的遠距離（四英尺）一端。

（3）**社交距離**

與個人距離相比，社交距離無疑又遠了一步，體現的是一種社交上或禮節上的比較正式的關係。

其近範圍是四至七英尺（一點二至二點一米），人們在工作場所與社交聚會上通常都保持這種空間距離。

一次，主辦人在安排外交會談座位的時候出現疏忽，在兩個並列的單人沙發中間未擺放茶几。結果，坐在那兒的兩位客人一直盡可能地靠在沙發的外側扶手上，而且身體經常後仰。可以看出，在不同的情境和關係下，人們需要調整不同的人際距離。倘若距離和情境、關係不對應，就會使人們出現明顯的心理不適。

其遠範圍是七至十二英尺（二點一至三點七米），被認爲是一種更正式的交往關係。

在公司裡，經理們一般使用一個大而寬的辦公桌，並在離桌子一段距離處擺放來訪者的座位，這樣就能和來訪者在談話時保持一定的距離。

同樣，在企業上司人之間進行談判、工作招聘面試、教授與學生的論文答辯等時，也常常要隔一張桌子或者保持一定的距離，這樣便增加了莊重的氣氛，也增加了雙方的適應程度，顯得更得體、更正式。

（4）公眾距離

這種距離是在公開演說時演說者和聽眾之間保持的距離。它的範圍一般在十二至廿五英尺（三點七至七點六米），其最遠範圍在上百英尺以外。

這是一個基本上能夠容納所有人的「門戶開放」的空間。在此空間內，人們是可以相互之間不發生任何聯繫的，人們甚至完全可以對處於此空間內的其他人「視而不見」，不和他們交往。

由此可見，在人際交往時，雙方之間的空間距離是彼此之間是否親近、友好的重要標誌。所以，在人際交往中，選擇正確的空間距離非常重要！

4 沒必要每天盯著細節不放

有人做過這樣一個心理測驗：他約了一組人，給他們兩個選擇，一個是當前可以塡飽肚子的美味午餐，另一個是給自己一生幸福的承諾。結果，只有少數人選擇了美味的午餐。其他人則覺得，一生的幸福和一頓午餐相比，當然更重要得多。

選擇美味的人很現實，懂得珍惜眼前，做到了見好就收。而選擇承諾的人，則是想擁有更多。而想擁有並非真的能得到，因爲一生太遙遠，誰也無法預料上天會給你的生活弄些什麼不愉快。

有時候細節的確可以助你成功，但絕不會是你成功的「主力軍」。

三國時期，蜀國蔣琬執政期間，有個屬下叫楊戲，人們都叫他「楊白癡」。

這個人一點兒也不注意細節，每次見到同僚，頂多是點個頭，那些必要的禮儀、恭維話，全都沒有。

有時候就連蔣琬和他談話，他也是懶洋洋的，只應不答。於是，同僚們紛紛到蔣琬面前打楊戲的小報告，說：

「楊戲這傢伙太狂妄了！對誰都這麼怠慢，沒有禮儀，不懂規矩，應該狠狠治他的罪！」

沒想到蔣琬坦然一笑說：「人各有秉性，他雖然不懂規矩，但做事很有原則。怎麼能因一點點毛病就毀了一個人才呢！」

在生活中，我們往往沒有必要整天沉思於如何做好每一個細節。倒不如學學楊戲，坦誠些、自在些，實實在在生活，踏踏實實做事，這樣是不是會更快樂一些呢？

看看古往今來成功的人，哪一個是每天只盯著細節問題，琢磨後再琢磨的？細節足夠重要，但絕對不是打造成功的「主力軍」。一個人如果過度沉湎於無數的細節中，哪還有心思去做事業？所以還是少花些心思去打造所謂的細節，努力做好本職工作，提高自己的業務，才是走上升職之路的最好捷徑。

5 交淺言深，他人所戒

俗話說：「逢人只說三分話，還有七分話不必對人說出。」你也許認為大丈夫光明磊落，事無不可對人言，何必只說三分話呢？你也許認爲這樣的人是狡猾的、不誠實的。其實說話須看對方是什麼人，如果對方不是可以盡言的人，你說三分真話，已不算少。

「逢人只說三分話」，**不是不可說，而是不必說、不該說**，與「事無不可對人言」並沒有衝突。

要知道，說話有三種限制，**一是人，二是時，三是地**。非其人，不必說；非其時，雖得其人，也不必說；得其人，得其時，而非其地，仍是不必說。非其人，你說三分話，已是太多；得其人，而非其時，你說三分話，是給他一個暗示，看看他的反應；得其人，得其時，而非其地，你說三分話，已經可以引起他的注意，如有必要，不妨再擇地長談。

在職場中，說話尤其要慎重，稍有不慎就可能影響你以後的處境。

所以，在職場上，你可以善良，但是一定要管好自己的嘴巴，防備有人「利用」你的善良。

具體來說，要注意下面幾點：

（1）在你剛進職場的初期，同事之間大多不會顯露出對公司的意見，但是「路遙知馬力，日久見人心」，一起吃過幾次飯後，一些見識淺薄的人就很容易把自己的不滿情緒傾訴給你聽。對於這種人，最好不要和他有更深的交往，做普通同事就可以了。

（2）假如和對方相識不久，交往一般，對方就忙不迭地把心事一股腦地傾訴給你聽，並且完全是一副受苦受難的模樣，這在表面上看來是很容易令人感動的。

然而，轉過頭來，他又向其他人做出了同樣的舉動，說同樣的話，這說明他完全沒有誠意，不是一個可以深交的人。

（3）有些人唯恐天下不亂，經常散佈所謂的「內幕消息」，讓別人聽了以後感到忐忑不安。如「公司將會裁員」「公司將會改組」「上司對某某不滿」等話語，都是他們的「口頭禪」，與這種人要保持距離，以免被其擾亂視聽，或者捲入某些是非。

（4）有些人喜歡盜用公司的資源。所謂盜用公司的資源，不僅是指私用公司的文具或其他物資，也包括在工作時間做私人事務。這樣的人，也應該與其保持距離。

（5）許多人認爲在公司工資太低，因而總是想方設法抽出工作時間去辦私人的事情，作爲自己在心理上的補償。不要與這種人過從甚密，否則一旦被上司發現，你在上司那裡的印象就會大打折扣。

（6）在公司中，許多人爲了保持現狀，對一切事情都抱著「事不關己、高高掛起」的態度。他們凡事都低調處理，不參與任何是非爭執。這種人不容易相信別人，但還可以做朋友。假如能夠打開他的心扉，進入他的心靈，你們很有可能會成爲知己。

（7）還有一些人對公司很有感情，不分上下班時間，都願意待在公司裡工作，甚至會在公司裡做一些私人的事情，好像把公司當成了家。

這種人的最大特點，是把私人時間和工作時間完全混淆，對其沒有概念上的劃分，工作起來非常努力。因此一旦遇到加薪不理想或遭受老闆批評這樣的事情，他們往往會感到委屈，並認爲公司欠他們太多。與這種人多接觸的話，會有助於你對公司有更多、更深的瞭解，但是，有一點必須記住——絕不效仿！

6 藏好你的優越感

做人自信和要強是必需的，但一旦過了頭，就會變成自負和自傲。

如果你有自己的想法，請不要用自負的方式來闡述；如果你有過人的能力，也不要用「門縫裡看人」的方式來看待別人。總而言之，不要用你的優勢去對比別人的劣勢。

每個人都有自己獨特的個性，但在進入社會之後，應該及時爲自己「補課」，認識到理想與現實之間的差異，學會包容與自己不同的生活和工作方式，理智地看待工作和人際關係，恰當地經營人與人之間的關係。

有了好東西和大家一起分享，把自己擁有的好東西給別人看看，把自己的得意之事說給別人聽聽，這本來沒有什麼大不了的。但是，如果炫耀的心理太強烈，想聽好聽、奉承和讚美之話的渴望太強烈，人就陷入了「賣弄」的歧途。而這種「賣弄」就像是毒藥，會讓你「上癮」，最後失去做人的本心。

如果你確實有能力，別人都是能看到的，即使你不說出來，別人也會把你的能力捧出來，這樣既滿足了你在別人面前展示自己的心理，你也會得到大家的主動推薦和支持。

當你明顯比別人強時，你在感情上還是要和大家在一起，這樣別人往往就不會再嫉妒你，而會認爲你的成功是靠你自己的努力得來的。

比如，你被派去單獨辦事，別人去沒辦成，而你卻一下子辦妥了。這時，你若開口閉口「我怎麼怎麼」，只能顯出你比別人技高一籌，聰明能幹，但可能會招致別人的妒忌。

如果你這樣說：「我能辦妥這件事，一方面是因爲前面的某某去過了，打了基礎，另一方面多虧了某某某的大力幫助」，將辦妥事的功勞歸於「我」以外的外在因素中去，從而使他人產生「還沒忘了我的苦勞，我要是有別人的大力幫助也能辦妥」這樣的自我安慰的想法，從而在心理上得到暫時平衡。「我」在無形中被淡化了「優位」。

如同「中和反應」一樣，一個人身上的劣勢往往能淡化其優勢，給人以「平平常常」的印象。當你處於「優位」時，要注意突出自己的劣勢，往往會減輕妒忌者的心理壓力，產生一種「哦，他和我一樣」的心理平衡感，從而淡化乃至消除對你的妒忌。

通過艱苦努力所取得的成果很少被人妒忌。如果我們處於「優位」確實是通過自己的艱苦努力得到的，那麼不妨將此「艱苦歷程」告訴他人，加以強調，以引人同情，減少妒忌。

7 別總是把恩惠掛在嘴邊

有一些人，他們待人熱心，也喜歡幫助別人。但是，他們幫助人後總是表現得趾高氣揚，總是把曾經對別人的恩惠掛在嘴邊。他們總強調自己付出了多少，妄想他人給予數倍於己的回報。在他們眼裡，受幫助者就得低眉順目，不然就是不知好歹、忘恩負義。

美國前總統富蘭克林·羅斯福是美國歷史上唯一一位連任四屆

的總統，他在二十世紀的經濟大蕭條和第二次世界大戰中扮演了重要的角色，被學者評為「美國最偉大的三位總統之一」。

然而，這麼一位偉大的總統在人際關係上也曾有過苦惱，對別人的「忘恩負義」深有感觸。

一九二九年十月，美國爆發了經濟危機，這場危機一直持續到一九三三年。

在此期間，美國工業產值下降了近百分之五十，國民生產總值從一千多億美元下降到四百多億美元。失業人數猛增，從一九二九年五月的一百五十萬人猛然增長到一九三二年的一千兩百多萬人。

面對大批的失業人員和經濟衰退，從一九三三年到一九三九年，羅斯福總統為緩和經濟危機採取了一連串行政和法律措施，並實行了新政，這就是美國歷史上著名的「羅斯福新政」。

在新政的初始階段，很多美國的大企業主被迫暫時接受了羅斯福的方案，從而擺脫了「臨頭之刃」。讓羅斯福沒有想到的是，當危機剛剛有所緩解，這些受惠於「新政」的大企業家們就開始反擊羅斯福了。

一九三四年八月，大企業支持的右翼組織「美國自由同盟」在邁阿密開會，反對「羅斯福新政」，目標集中在反對勞工立法、稅收立法和社會保險立法上。

「美國自由同盟」的後臺是杜邦家族、通用汽車公司、太陽石油集團以及華爾街的律師們；報紙上也連篇咒罵羅斯福是向富人「敲竹槓」，他們完全忘記了自己在大危機面前是怎樣束手無策、驚慌失措的。

羅斯福對這種忘恩負義的行為感到吃驚，更感到氣憤，因為「新政」的最大受益者正是這些大企業主。

為了反擊這些大企業主，羅斯福在一九三六年的一次演說中做了生動的比喻：

「一九三三年夏天，一位戴著絲綢禮帽的老紳士不小心失足落入碼頭邊的水中，他不會游泳。他的一位朋友看到情況緊急，跳入水中把他救了起來。可是珍貴的禮帽被水沖走了。老紳士安然脫險後，對朋友的救命之恩感激不盡。今天，三年過後，這位老紳士卻大聲責罵朋友，原因就是丟了絲綢禮帽。」

你若想通過自己施恩於他人而獲得他人的報恩，那就失去了交際的意義，而且會無端地給自己套上一副「精神枷鎖」，也給友誼掛上了一副「重擔」。

幫助別人是我們應該做的事情，但絕不要時常把它掛在嘴邊，逢人便說。許多人總是希望別人知恩圖報，恨不得施了一次援手，別人會感激自己一輩子。這樣的想法實在有些荒謬。

做好事、做善事，不是「施恩」，因爲幫助他人實則是道德範疇內的一種境界，是發自內心的「我想做」「我願意做」和「我必須做」，不應摻雜任何功利性目的在裡面。否則的話就是別有目的地幫助別人，就失去了一顆幫助別人的平常心，把「圖報」看成了「施恩」的目標。

施恩不等於施捨，幫助他人也不應該抱著「我是恩人」的想法。感恩是一種美德，是一種美好品質的表現。所以，如果你想通過施恩於人來獲得對方的依賴和感恩的話，那你就大錯特錯了。

總是把恩惠掛在嘴邊，就等於給受恩者的心靈「放高利貸」，不僅不是我們所宣揚的助人為樂，很多情況下更是一種對受恩者的「心靈折磨」。

當你「施恩」於人時，不妨將這種幫助當作自己理所應當去做的事情。或許對方當時無法強烈地感受到你的這種好意，但伴隨著時間的沉澱，從生活的點點滴滴中，對方必然能夠體會到你對他的關心，這樣你的恩惠才算深入人心，你們之間的關係也才會更進一步。

第三章

善良勿濫施，
尤其是給不值得的人

我們主張，人應該是有鋒芒的，
雖然不必像刺蝟那樣全副武裝、渾身帶刺，
至少也要讓那些兇猛的動物感到無從下口，
倘若張口咬你只會得不償失。

1 利益是最好的「試金石」

朋友是我們生命中的「貴人」，但朋友也會在特定的時候變成「小人」，不爲別的，大多只爲「利益」二字，正所謂「天下熙熙，皆爲利來；天下攘攘，皆爲利往」。

正如在安全的地方，人的思想總是鬆弛的一樣，在與好友交往時，你可能只注意到了你們親密的關係，你們每天在一起無話不談，對外人你可以驕傲地說：「我們之間沒有秘密可言。」

利益，往往是朋友最好的「試金石」。在利益面前，各種人的靈魂都會赤裸裸地暴露出來。有的人在對自己有利或利益無損時，可以和他人稱兄道弟，顯得親密無間。可是一旦有損於他的利益時，他就像變了個人似的，見利忘義，什麼友誼、感情統統拋到腦後。

比如，在一起工作的同事，平日裡大家說笑逗鬧，關係融洽，可是到了升職時，名額有限，「僧多粥少」，有些人的「真面目」就露出來了。他們在會上直言自己之長，揭別人之短，背後造謠中傷，四處「活動」，千方百計把別人拉下來，自己擠上去。這種人的內心世界，在利益面前暴露無遺。事過之後，誰還敢和他們交心呢？

不可否認，在現實中，確實存在著以出賣他人為手段獲取自身利益的人。有的人是為了生存而做出出賣之事；但有的人位高權重卻欲壑難填，出賣集體和國家利益，實在讓人心寒。

實際上，不管是何種情境下的出賣，其出賣行為的本質並沒有什麼不同，那就是一切從自己的利益角度出發。與面臨生死時為了求生而出賣的人相比，更多的是面對利益誘惑時選擇出賣的人。

這種人是自私自利的，與這樣的人共事，若不能看穿他的本質，自己極易受到傷害。而歲月可以成為真正公正的「法官」。有的人在一時一事上可以稱得上是朋友；但日子久了，時間長了，你就會更深刻地瞭解到他的爲人，「路遙知馬力，日久見人心」，說的就是這個意思。經過長期交往、觀察，你便會達到這樣的境界：知人知面也知心。

2 遠離總愛和你「過不去」的人

誰都渴望事業上的成功，誰都希望實現人生的輝煌。但人們總是懷揣「豐滿」的理想，卻面對「骨感」的現實而嗟嘆，因爲成功的機會實在是太少了。

不過，有時候，一個可以改變你或者轉變你人生機遇的機會擺在你面前。借助這個機會，你的事業會向前發展一大步；或者，因爲這個機會，你的人生從此將步上星光大道……你得意洋洋，一邊感激上天賜予的「好運」，一邊準備揚帆啓航，慶幸自己馬上要實現理想。

但就在這時，你的一個「朋友」跳了出來。一桶「冷水」澆下，在

「朋友」的提醒下，你「清醒」過來，明白自己是一時頭腦發熱，所以才會有如此不切實際的幻想，什麼機遇和計畫，根本是黃粱一夢。

所以，就在你猶豫的當下，命運女神一閃而過。你錯過了一個再也不會有的機會，後悔得直拍自己的腦門，可是已無濟於事了。

還有一種「潑冷水」往往發生在日常生活中，這種朋友或者可以叫作「損友」。朋友之間熟了，適當地開個玩笑，暴露一下對方的缺點、糗事不足為怪，但如果對方總是存了心和你「過不去」，那麼對於這樣的朋友，還是請你不要太善良了，最好乾脆地遠離他們。

遇事總愛給你「潑冷水」，關鍵時刻總和你「過不去」，這樣的人不少。因為是朋友，所以你容易被他們左右，可是卻忽略了「冷水」背後的東西。或許是他們想證明自己比你聰明，也或許是他們認為比你優秀……

心理學家分析：現實生活中，每個人都面臨著各種各樣的壓力，當這些壓力無處發洩時，就會在人的腦海裡形成一股「負面情緒」。為了釋放這些對自己健康不利的情緒，潛意識就會尋找一些對自己沒有危險的方式來消極地發洩。他們通過各種方式緩解了壓力，卻苦了那些作爲「出氣筒」的朋友。這類朋友，就是朋友中潛藏的「消極對抗者」。

我們都知道，再親近的朋友，彼此心中都應該有一個不可觸碰的底線，這就是尊重。一個對你沒有尊重的人，有可能會成爲好朋友嗎？

所以，聰明的人要學會定期「檢查」自己的朋友，一旦發現「消極對抗」的朋友，就要趕快進行糾正，以免給自己帶來更多的傷害。

3 把充滿負能量的朋友放到黑名單吧

現代生活，疲憊又忙碌，當各種壓力襲來時，我們當然需要有可以讓自己放鬆的朋友，找個適宜的環境，把心中的「苦水」倒出來。如若朋友是充滿負能量的人，你還沒倒「苦水」呢，他的「苦水」先如洪水一樣氾濫，使你浸泡其中，你哪裡還有心情品味生活的美好？

這類朋友，自己沒有主心骨，卻總愛把麻煩扔給朋友，自己不舒服不說，還把朋友也拖得精疲力竭。他們把朋友看成自己的避難所，有了問題，總是先想到朋友，把麻煩和負面情緒全部扔給朋友，自己倒是輕鬆了，卻從不考慮朋友的心情和處境。

這其實是一種自私自利的行為，如果你有這樣的朋友，還是早點將他扔進「黑名單」吧。

4 「酒肉朋友」再多無益

有一類人每天遊走於各類酒肉場合，交著不同的朋友，朋友越積越多，數量越來越大，而真正「沉澱」下來的卻沒有幾個。隨著經歷越來越多，電話號碼也越來越滿，而真正痛苦或需要幫助時，把電話號碼簿從頭翻到尾，竟然連一個可以幫得上忙的朋友也找不出來，這就是「酒肉朋友」的悲哀。

與「酒肉朋友」在一起，酒喝得越多，飯吃得越多，感情卻不見得越深。友誼需要經營，但不用刻意追求，否則你認定的「酒肉朋友」因某事達不到你的期望値時，你將會因此而痛苦不堪。所以，我們切不可以結交「酒肉朋友」爲榮，更不要以之爲交友準則。

每個人都希望朋友能夠在危難時刻對自己不離不棄，而不是一遇危險立馬各奔東西。「朋友」是一個美好的字眼，請不要讓酒肉之交玷污了朋友的神聖，那樣的人並不是你的朋友，只不過是結伴娛樂的「路人」罷了。

5 防範忘恩負義的小人

在我們的日常生活中，有這樣一些忘恩負義的小人。通常，他們行事處世以個人小利爲出發點，他們會爲貪小便宜而出賣團隊，甚至是與自己一起工作多年的夥伴；他們會爲了升官發財，不擇手段，不惜坑害朋友；他們還會爲了展翅高飛而把恩人當「墊腳石」，恩將仇報、落井下石……

春秋時期，楚國伯嚭一家被佞臣費無忌讒害遭滅族，伯嚭隻身一人顛沛流離逃到吳國。

伯嚭投奔吳國，一則是因為吳國是楚國的敵對國，二則是因為伍子胥同伯嚭一樣與費無忌仇深似海、不共戴天。

伯嚭一見伍子胥就放聲大哭，先是對伍子胥一家的遭遇深表憤慨，接著哭訴自己全家遭斬的慘痛經歷，繼而大罵費無忌誘惑君王、殺害忠良。經過一番眼淚和憤恨的表演，他才提出請伍子胥看在同國、同鄉、同遭遇的份上，給自己一個安身之地，向吳王舉薦一下自己。

伍子胥是個忠厚老實的人，出於對楚平王和費無忌共同的憎恨，也出於由於相同遭遇而產生的憐憫，雖然原來與伯嚭沒有什麼私交，但還是決定向吳王引薦他。

這時伍子胥的好友被離勸阻他說：「你可不要輕信這個伯嚭呀。據我觀察，這個人鷹觀虎步、形貌含詐，其品性必貪婪奸佞、專擅功勞、任意殺人，切不可同他親近。今日重用他，以後必為其所害。」

伍子胥回答說：「古語說得好：『同疾相憐，同憂相救；驚翔之鳥，相隨而集。』人還是善良的多，你先不要猜疑。」

在伍子胥的大力推舉下，吳王闔閭也可憐伯嚭的不幸，同情他的遭遇，又見他能説會道，頻頻表示效忠盡命的決心和誓言，就收他在朝中，封他為大夫，命他同伍子胥共佐朝政。

念及伯嚭初來吳國，人生地不熟，伍子胥對他照顧有加，視他為好友。然而，伍子胥做夢也沒有想到他救起的卻是一條「毒蛇」，三十年後，他自己就冤死在這條蛇的「毒牙」之下。

忘恩負義的人通常都表裡不一，不得志的時候，他們僞裝成一副可憐樣，先博得別人的同情，得到對方的幫助和提攜後，再「忠肝義膽」地承諾一番，以此博得別人最大的信任。等到自己的「翅膀硬了」，他想的不是感恩，也不是把事情做好，而是如何才能儘快地超越恩人的地位。恩人的肩膀能靠一靠的，他會踩著上；如果恩人成了他往上爬的「絆腳石」，那就一腳踹開，毫不猶豫和憐惜。

然而，生活中忘恩負義的小人常常戴著「面具」，不到關鍵時刻，你根本就看不出他的真面目，以至於讓人防不勝防。

因此，在與人共事的時候，我們應該處處小心，比如，當我們並不瞭解對方是什麼人的時候就要少說多聽，不要輕易許諾，也不要輕易露出自己的「底牌」，以防小人借機抓住自己的弱勢而大做文章。

如果我們大致知道某人有小人之嫌，那麼就儘量對其敬而遠之，不要與其交往；能疏遠則疏遠，實在不得已要與其共事，那一定不要和他產生更大的利益糾葛。

這樣，我們方能有目的地巧妙避開小人及小人所設下的「陷阱」，從而把小人對自己的傷害降至最低，使自己不至於受小人的詐術所累，也就學會了保護自己。

6 學會「識人」

曾國藩是一位鑒別他人的高手。他爲人威嚴凝重，長著一雙三角眼而且有稜角，在初見客人時，他往往注視著客人不說話，常常看得對方大汗淋漓、悚然難持。

他對於如何鑒人很有心得，並著書成冊，也就是著名的《冰鑑》一書。他尤其擅長通過人的身體語言來判斷對方的品質、性格、情緒、經歷，並對其前途做出預測。

一天，新來的三位幕僚拜見曾國藩，見面寒暄之後就退出了大帳。有人問曾國藩對此三人的看法。

曾國藩說：「第一人，態度溫順，目光低垂，拘謹有餘，小心翼翼，乃一小心謹慎之人，是適於做文書工作的。第二人，能言善辯，目光靈動，但說話時左顧右盼，神色不端，乃屬機巧狡詐之輩，不可重用。唯有這第三人，氣宇軒昂，聲若洪鐘，目光凜然，有不可侵犯之氣，乃一忠直勇毅的君子，有大將的風度，其將來的成就不可限量，只是性格過於剛直，有偏激暴躁的傾向，如不注意，可能會在戰場上遭到不測。」這第三人便是日後立下赫赫戰功的大將羅澤南，後來他果然在一次大戰中身亡。

還有一次，李鴻章向曾國藩推薦了三個人，希望曾國藩能給他們分派一份適合的職務。不巧的是，他去的時候，曾國藩恰巧散步去了，李鴻章示意三人在廳外等候。

曾國藩散步回來，李鴻章說明來意，並有意讓曾國藩考察一下三個人的能力，也好按能力、人品、學識，安排適合他們的職位。曾國藩說：

「不必了，面向廳門、站在左邊的那位是個忠厚的人，辦事小心，讓人放心，可派他做後勤供應之類的工作；中間那位是個陽奉陰違、兩面三刀的人，不值得信任，只宜分派一些無足輕重的工作，擔不得大任；右邊那位是個將才，可獨當一面，將來作為不小，這樣的人才能委以重任，才不會誤了社稷蒼生。」

李鴻章聞聽此言，大吃一驚，問曾國藩是如何考察出來的。曾國藩笑著說：「剛才散步回來，我已經見到那三個人。我走過他們身邊時，左邊那位低頭不敢仰視，可見是位老實、小心謹慎的人，因此適合做後勤一類的事情，我相信他不會中飽私囊，會兢兢業業地幹好；中間那位，表面上恭恭敬敬，可等我走過之後，就左顧右盼，可見是個表裡不一、陽奉陰違的人，因此不可重用；右邊那位，始終挺拔而立，如一根棟樑，雙目正視前方，不卑不亢，是一位大將之才。」

李鴻章照曾國藩的話去做，果不其然，三個人都如他所料，物盡其用。其中那個擁有才學的人，正是淮軍勇將、後來的臺灣巡撫劉銘傳。

只有瞭解了他人，才能把握對方的人格之高下、品質之優劣、行爲之美醜，才能做到有針對性，或者坦誠相待，或者持有戒心，從而防患於未然。然而，認知他人是不容易的，俗語說：「畫虎畫皮難畫骨，知人知面不知心。」這是一個複雜的心理過程，通常需要根據主要的資訊來判斷。

（1）被認知者的外貌、言行、姿態等；

（2）認知者與被認知者互動的情境，被認知者所具有的角色；

（3）認知者本身的成見以及概念系統的簡單與複雜程度，也會對認知者產生巨大的影響。

我們也許不像曾國藩那樣能第一眼就「識人」，但，我們必須學會辨別交往的人的本性。具體來說，我們與人交往，不能只看其一行一言一事的外在表現，而是要透過現象看本質，尤其要注意他對那些身處逆境或地位低下的人的態度。

有些人表面裝出一副和藹可親的面孔，其實隱藏著內心的真實意圖。他們外表上對人極盡誇讚逢迎，暗地裡卻耍手段，使人前進不得，甚至還會落井下石。有時，他們看到你直上青雲就逢迎拍馬，專撿好聽的話講；有時，他們看到你事事順心進展神速，就在背後造謠生事，陷你於不利；有時，欺騙、謊言、圈套在他們頭腦中醞釀成「繩索」套在你身上，使你翻身落馬；有時，他們看到你墜入困境，就幸災樂禍，甚至趁機打劫。所有這一切，我們豈能不防呢？

生活中也會有「兩面三刀」者，他們會採取各種欺騙方法，迷惑對方，使其落入「陷阱」，從而達到自己的目的。對此，我們在生活中一定要認識清楚，提高警覺。

人是很複雜的，瞭解一個人並不是一件簡單的事。但只要我們注意觀察，就可以通過這個人的一言一行瞭解他的素質、修養和品德。

想瞭解一個人，還可以觀察他是怎樣對待別人的。

◎人在得意的時候，特別愛訴說他與別人在一起交往的情景，他說的時候是無意的，不會想到他與被說人有什麼關係，所以一般比較真實。

◎如果對方當著你的面說自己如何占了別人的便宜，如何欺騙了對方等，那你以後就得對他注意一點兒，有可能他也會這麼對待你。

◎有一種人比較圓滑，很會處世，往往是當面一套，背後一套，當著你的面說你如何如何好，別人如何如何不好，聰明的人就得注意這種人了，因爲他在背後說別人壞，就有可能在你背後說你壞。

◎有一種人可能當面批評你，指出你的缺點來，卻又在你面前誇獎別人的優點，你也許不願接受他的這種直率，但這種人是非常可以信賴的人。

◎看一個人如何對待妻子、兒女、父母，就可以分析出這個人是否有責任感、自私與否。一個不把家人放在心上的人是不會把朋友放在心上的，這種人往往心裡只裝著自己，只關心自己的得失安危，根本就不會想到他人。所以交往時要注意儘量不要與那些沒有家庭觀念的人結交。

「知彼知己，百戰不殆。」一般來說，與人交往之前，我們可運用以下四種方式對其進行具體考量。

（1）以自己的感覺為依據

自己的感覺有時是最可靠的，因爲自己的感覺不會欺騙自己。所以評價一個人怎麼樣，不能聽信別人，更不能人云亦云。

（2）重在表現，既要聽其言，更要觀其行

生活中不乏口是心非的人，如果只聽其誇誇之談，你顯然會被其誤導。只有行動，才能暴露一個人的本質。也只有經過對一個人的具體行動進行考察，我們才能夠對他做出一個大致的評價。具體考量時，需從以下幾個方面入手。

◎在關鍵時刻或者危急時刻瞭解他，可以看清他的性格、個性以及人品。

◎通過他的工作瞭解他，可以判斷出他的工作能力、業務水準和敬業程度。

◎通過其他人瞭解他，可以判斷出他在人群中的形象、地位以及前途。

◎通過他與別人的人際關係處理得好壞瞭解他，可以判斷出他在處理人際關係方面的能力。

◎在是非中瞭解他，可以清楚地瞭解他的人格高下。

（3）確立自己個人的分類標準

一般來說，可以把周圍的人按照性格特徵分類。把他們一一對號入座，你心中就有了一個大致的交往之道，比如，老張很踏實，應該多交往；小陳工作散漫，還喜歡說同事的壞話，要與他保持距離，等等。

（4）長期觀察，隨時調整

人是極其複雜的動物，而且很多人都有多重「人格面具」，因而想一次透徹地瞭解一個人極不現實。瞭解一個人，需要長期觀察，而不是在見面之初就對這個人的好壞下結論，因爲太快下結論，會因你個人的好惡而發生偏差，從而影響你們之間的交往。

另外，人爲了生存和利益，大部分都會戴著「面具」，你所見到的是戴著「面具」的「他」，而並不是真正的「他」。這是一種有意識的行爲，這些「面具」有可能只爲你而戴，扮演的正是你喜歡的角色，如果你據此判斷一個人的好壞，並進而決定和他交往的程度，那就有可能「吃虧」上當。

在初次見面後，不管你和對方是「一見如故」還是「話不投機」，都要保留一些空間，不摻雜主觀好惡的感情因素，然後冷靜地觀察對方的行爲。

一般來說，人再怎麼隱藏本性，終究是要露出真面目的，因爲「戴面具」是有意識的行爲，時間久了自己也會覺得累，於是在不知不覺中會將「面具」摘下來，正所謂「路遙知馬力，日久見人心」。

第四章

善於表達你的不滿

偶爾傾訴一下不滿，
發洩一下內心的不悅，
當然，前提只是偶爾哦。

1 適度的「抱怨」是一種溝通

有時候適度地抱怨一下，會成爲在社交活動中發揮作用的「潤滑劑」，而且非常管用。

很多時候，**瞭解是從表達抱怨開始的**。

譬如，一個人說：「我討厭那部電影！」

對方也許會回答：「你也討厭那部電影？噢！天哪！我們真是心有靈犀！」

用抱怨來拉近人際關係有多種方式。

「天氣糟糕透了！」

「是的，外面凍死人了！」

……

不論這些抱怨是否與我們有關，它們通常都是良好對話的開端，可以幫助我們找到建立互動的共同點。

很多時候，不抱怨、不傾訴，換來的往往是漠視，失去的卻是關心與愛護。

那麼，什麼是「適度」的抱怨呢？

同在一個部門的珍妮和大衛，都喜歡抱怨。

有一次，管理部的幾個同事不約而同地請了病假，上司準備派珍妮和大衛兩人前去協助工作。

接到上司的郵件後，大衛當場便在辦公室裡嚷嚷起來：「管理部的人怎麼一塊兒請假啊，生病了？誰信啊，肯定一塊兒逛街偷懶去了！」

珍妮看了上司的郵件後，立即給上司做了回覆。她把自己手邊的工作做了一張列表，還分別標明了重要程度，然後指出哪些是其他同事不能幫忙解決的，以及如果交給不瞭解項目的同事做有可能會產生哪些錯誤。

上司收到珍妮的郵件後，覺得她說得非常有道理，最後決定只派大衛過去幫忙。大衛只好一邊做管理部的工作一邊加班忙自己的工作，還要一邊喋喋不休地抱怨。

還有一次，珍妮的電腦出了問題，請工程部來維修，可一周過去了都沒見人影。

大衛冷嘲熱諷地說：「工程部的人不知道整天在忙什麼，每次有問題都要等很長時間，上司們的電腦有問題他們怎麼跑得那麼快？就知道溜鬚拍馬。」

在例會上，珍妮主動向老闆抱怨，說維修申請表遞到工程部一周了，可既沒有人來維修也沒有任何回復，造成自己的工作被迫中斷，很多工作還要拿回家做到很晚，影響了每天的工作進度。老闆非常重視珍妮的意見，立刻安排工程部的人員解決了珍妮的問題，還在各部門之間開展了一次回饋意見的活動，瞭解各部門之間協作的問題。

每次遇到問題，珍妮的恰當抱怨不僅解決了問題，還得到了上司的賞識；大衛卻因為抱怨，在公司落了個「小氣」的名聲，大家都不願意同他合作。

可見，珍妮的抱怨是「適度」的，而大衛的抱怨則是「過了頭」的。

關於適度抱怨，有下面幾條原則：

◎不要逢人就抱怨

只對有辦法解決問題的人抱怨，是最重要的原則。

向毫無裁定權的人抱怨，只有一個目的，就是發洩情緒。而這只能使你得到更多人的厭煩。直接去找你可能見到的最有影響力的一位上司，然後心平氣和地與他討論。假使這個方案仍不管用，你可以將抱怨的強度提高，向更高層次的人傾訴。

◎抱怨的方式很重要

盡可能以讚美的話語作爲抱怨的開端。這樣一方面能降低對方的敵意，更重要的是，你的讚美已經事先爲對方設定了一個遵循的標準。記住，聽你抱怨的人也許與你想抱怨的事情並不相關，甚至不知道具體情況如何，如果你一開始就大發雷霆，只會激起對方敵對、自衛的反應。

◎控制你的情緒

如果你怒氣衝衝地找上司表示你對他的安排或做法不滿，很可能把他也給惹火了。所以，即使感到不公、不滿、委屈，也應當儘量先使自己心平氣和下來，然後再找方法解決。

也許你已經積聚了許多不滿的情緒，但不能在此時一股腦地發洩出來，而應該就事論事地談問題。過於情緒化將無法清楚明確地說明你的理由，而且還會使得上司誤以爲你是對他本人而不是對他的安排不滿。

◎注意抱怨的場合

美國的羅賓森教授曾說：「人有時會很自然地改變自己的看法，但是如果有人當眾說他錯了，他就會惱火，會更加固執己見，甚至會全心全意地去維護自己的看法。不是那種看法本身多麼珍貴，而是他的自尊心受到了威脅。」

抱怨時，要多利用非正式場合，少使用正式場合，儘量與上司和同事私下交談，避免公開提意見和表示不滿。這樣做不僅能給自己留有迴旋的餘地，而且即使提出的意見出現失誤，也不會有損自己在公眾心目中的形象，還有利於維護上司的尊嚴，不至於使對方陷入被動和難堪。

◎ 選擇好抱怨的時機

「在找上級闡明自己的不同意見時，先向秘書瞭解一下上級的心情如何是很重要的。」人際關係專家這樣建議。

當上司和同事正煩時，你去找他抱怨，豈不是給他煩上添煩、火上澆油?即使你的抱怨很正當、很合理，別人也會對你反感、排斥。讓同事聽到你抱怨上司其實並不好。

如果失誤在上司，同事對此不好表態，又怎能安慰你呢？如果是你自己造成的，他們也不忍心再說你的不是。眼看你與上司的關係陷入僵局，一些同事爲了避嫌，反而會疏遠你，使你變得孤立起來。更糟糕的是，那些別有居心的人可能會把你的話添枝加葉後反映到上司那裡，加深你與上司之間的裂痕。

◎提出解決問題的建議

當你對上司和同事抱怨後，最好還能提出相應的建設性意見，來弱化對方可能產生的不愉快。當然，通常你所考慮的方法，上司也往往考慮到了。因此，如果你不能提供一個即刻奏效的辦法，至少應提出一些對解決問題有參考價值的建議。這樣上司會真切地感受到你是在爲他著想。

◎對事不對人

你可以抱怨，但你抱怨後，要讓上司和同事切實感到，你被所抱怨的事傷害了，而不是要攻擊或貶低對方。對於大多數人來講，通過一些事實證明自己錯了是件很尷尬的事情，讓上司在下屬面前承認自己錯了就更不容易了。因此在抱怨後，你最好還能說些理解對方的話。切記，你抱怨的目的是幫助自己解決問題，而不是讓別人對你產生敵意。

2 要學會「有效抱怨」

在職場上，我們會發現「抱怨就像空氣一樣無處不在」，那麼究竟抱怨是個什麼樣的東西，我們應怎樣有效運用它呢？

有人問：「在生意場合爲什麼那些挑剔和難侍候的人，他們的要求（抱怨）往往會得到優先的處理，而我對別人所採取的寬容態度，反而被忽視……」

這是一個很有趣而且很現實的問題，或者我們可以將它叫作「抱怨效應」。爲什麼會這樣呢？

嘮嘮叨叨，不管場合與時間，只要是自己不滿意的，就怨這怨那。這樣的人註定會成爲職場上惹人厭的人，不僅同事嫌煩，上司也厭惡這種人的存在。

職場中，抱怨要講究合理正當，在合理正當的前提下，個人的抱怨才能得到認可。相反，長時間不看時間與場合的抱怨，哪怕確實有正當合理的理由存在，最終也會淹沒在一貫的嘮嘮叨叨中。

一般而言，會不會發牢騷、抱怨是由人的性格決定的。愛發牢騷的人往往對自己要求不嚴格，語言掌控能力差。在發表言論時，這類人幾乎不考慮時間、場合，對周圍環境思考膚淺、說話輕率，很容易失去別人對他的信任。

在上司眼裡，在私下抱怨的人，就是「說閒話」的代表人物，而這是上司最忌諱的。有效抱怨應該是爲了改善自己的待遇。

適時、**適度**，在**適當的場合**抱怨，既能引起上司的注意，又能使自己的要求得到一定程度的滿足，這是聰明人的做法，也是「有效抱怨」。

「有效抱怨」是有理有據的，通常是經過思考，並且運用適當的方式表達出來的。比如，在部門例會上，大家展開討論時，將自己的不滿以委婉的建議方式呈遞，或者單獨與上司交流，讓他知道自己的想法。

想要讓自己的抱怨有效，記得平時儘量不要在公共場合暴露真實的內心想法。另外，在抱怨時最好事先進行調查，得到充分依據後再開口。這樣既能讓上司注意到抱怨的合理性，也可展示出自己做事有理有據，給上司留下一個好印象。

3 用幽默來表達內心的不滿

在英國，人們表達不滿的方法給了我們一個提示：用無聲的語言和幽默的態度來表達內心的不滿。

一個冰淇淋店門口，一個小男孩用自己的方式表達著他對這個店的不滿。

他左手拿著的冰淇淋盒子上寫著三點六英鎊，右手拿著的冰淇淋盒子上寫著三點八英鎊，小男孩的胸前還掛著一個大大的牌子，上面畫著一個大大的「？」。

冰淇淋店一個經理模樣的中年男人走了出來，滿臉笑容地把一個玩具熊送給小男孩，嘴裡還不停地說著：「sorry，sorry。」

小男孩是用這種無聲的方式抗議該店在沒有進行價格標示的情況下擅自提價，沒有爭吵也沒有投訴，這樣無聲的抗議竟然達到了如此效果，實在讓人驚訝和佩服。

這種無聲的抗議對於職場人表達最初的不滿是有效的。如果你的上司通情達理、尊重你，用無聲的語言或玩笑式的話語都能起到一定的作用，而且這種表達方式能更好地溝通感情，不至於以後雙方難堪。語言貴精不貴多。對某些事物不滿，運用幽默的方式進行抱怨，是聰明的做法。下面舉幾個例子。

引人就範

為了使對方產生的期待落空，就必須先讓他期待。當他被引進你的語言「圈套」後，再表露出你真正的意圖。而這突然逆轉的戲劇性，自然會產生出人意料的幽默效果。

一位顧客在酒吧喝啤酒，他發現老板每次倒啤酒時，不但杯裡泡沫很多，而且沒倒滿。

喝完第二杯後，這位顧客笑著問老板：「你們這兒一星期能賣多少桶啤酒？」

「五十桶！」老板得意地回答。

「那麼，」這位顧客有些神秘地說道：「我剛剛想出來一個可以使你銷售量加倍的方法，這樣你每星期就可以賣掉一百桶啤酒了。」

老板一聽，忙問：「您能告訴我是什麼方法嗎？」

「很簡單！只要你將每個杯裡的啤酒都裝滿就行了。」

擬人幽默

一位男士和朋友到公園遊玩，看到有人騎馬，一時興起，也租了一匹馬來騎。

可騎上不久，他就發現這是一匹還未完全馴化好的野馬。果然，在經過一道籬笆時，野馬突然把他摔了下去。

歸還馬匹時，朋友問他騎得怎麼樣。他看了一下站在一旁的馬的主人，似笑非笑地說道：「還不錯，就是這匹馬被主人馴化得太客氣、太懂禮貌了，一看到有籬笆，牠就讓我先過去了。」

引東說西

一位小夥子帶女朋友到一家日本料理店吃飯，吃著吃著，他滿懷感慨地對女朋友說：「早知道是這樣的料理，前幾天就應該帶你來了。」

端菜的老闆聽到了，十分得意地說：「謝謝您的稱讚，謝謝！」

小夥子說：「我的意思是，這生魚片如果前幾天吃一定比較新鮮。」

明褒暗貶

一位顧客到一家理髮店去理髮，遇到的又是上回那位不太認真的理髮師。

他靈機一動，激動的大聲地說道：「太好了，上次也是你給我理的髮。」

這位顧客邊說還邊豎起了大拇指：「上次理得太棒了！」

理髮師略感意外，但還是很高興地説道：「哦！謝謝！」

這位顧客這時湊近理髮師，壓低嗓音説道：「好就好在我老婆不要我陪她逛街了。」

當然，如果公司有人事部門，這些工作中的煩惱和不滿是可以直接提出的，通過人資來表達能夠更加委婉，而且也避免了你爲了一些雞毛蒜皮的小事產生不滿，更不會讓你直接去上司那裡「碰釘子」。

但是，如果事情到了不得不解決的地步，那麼就該勇敢地就你的不滿和主管交流一下。一個開明、公正的主管會在一定程度上理解你的不滿，並從他的角度給你一個合情、合理的解釋。

當然，這時的交流並非「硬碰硬」，你應該以婉轉、幽默的方式表達出內心的不滿，以促進問題的解決。

4 真誠地說出你的不滿

想要說服對方認同你的觀點，靠的是以誠服人、以情服人、以理服人、以德服人，這是感情、知識和心智力量的使然。

情感的力量是情感的認知和共鳴，知識的力量能使人們信服觀點的論證，心智的力量則能使人們接受辯手本身，並進而在有意無意中相信和支持你的論證與反駁。

抓住了對方的心，與對方交談也就成功了一半。

如果你為人真誠，說話之前先有了真誠的心，那麼即使是「笨嘴拙舌」也是沒有什麼關係的。有太多的事例一再證明，在與人交流時表達真誠要比單純追求流暢和精彩更重要。

一九一五年，小洛克菲勒還是科羅拉多州一個不起眼的人。當時，發生了美國工業史上最激烈的罷工，並且持續達兩年之久。憤怒的礦工要求科羅拉多燃料鋼鐵公司提高薪水，而小洛克菲勒正負責管理這家公司。由於群情激奮，公司的財產遭到了破壞，軍隊前來鎮壓，因而造成流血事件，不少罷工工人被射殺。

那種情況，可說是民怨沸騰。小洛克菲勒後來卻贏得了罷工者的信服，他是怎麼做到的呢？

原來小洛克菲勒花了好幾個星期結交朋友，並向罷工代表發表了一次充滿真情的演說。那次的演說不但平息了眾怒，還為他贏得了不少讚譽。演說的內容是這樣的：

「這是我一生當中最值得紀念的日子，因為這是我第一次有幸能和這家大公司的員工代表見面，還有公司行政人員和管理人員。我可以告訴你們，我很高興站在這裡，有生之年都不會忘記這次聚會。

「假如這次聚會提早兩個星期舉行，那麼對你們來說，我只是個陌生人，我也只認得少數幾張面孔。上個星期以來，我有機會拜訪整個南區礦場的營地，私下和大部分代表交談過，我拜訪過你們的家庭，與你們的家人見過面，因而現在我不再是陌生人，我們可以說是朋友了。基於這份互助的友誼，我很高興有這個機會和大家討論我們的共同利益。

「由於這個會議是由資方和勞工代表組成，承蒙你們的好意，我得以坐在這裡。雖然我並非股東或勞工，但我深覺與你們關係密切。從某種意義上說，我也代表了資方和勞工。」

這樣一番充滿真誠的話語，是化敵爲友的最佳途徑。假如小洛克菲勒採用的是另一種方法，與礦工們爭得面紅耳赤，用不堪入耳的話罵他們，或用話暗示錯在他們，用各種理由證明礦工的不對，那結果只能是招致更多的怨恨和暴行。

真誠就像一顆種子，你若細心維護，它終有一天會結出讓你驚喜的果實。你真摯待他人，他人也會真摯待你，你尊重別人，別人也會尊重你。但是，你不能把付出真情當作某種本小利大的低風險投資，使別人覺得你的「真情」只是一種交易的籌碼，而算計的權利全在你的手中。

一個真誠的人、一個具有人格魅力的人，即使不能舌綻蓮花，也可以讓一個能言善辯的人啞口無言！

5 保護自己的基本權利

在人們日常的交往中，那些與別人相處得最融洽的人，並不是處處「吃虧」的人，而是做得恰到好處的人。

堅持自己的權利是最基本的做人原則，你若隨便讓別人占你的便宜，你不僅會失去維護自己權利的能力，你也被削弱了站出來爭取你應得權利的尊嚴。

這不是說人不應該慷慨大方，人的確應該慷慨，但是慷慨是有條件的，而非輕視自己的權利。假如你向別人讓步，而你又沒有慷慨的資格，只會讓自己負擔不起之後的結果，這種行爲最後會讓你付出沉重代價。

你想要成爲一個勝利者，最需要精通的就是維護個人權利（**特別是領域權**）。雖然對你領域權的最大威脅，似乎是來自於外在的那些威脅的人（**有人總是隨時隨地準備要接收你的東西**），但如果你沒有設定自己的目標，或爲自己設限，就等於「邀請」他們來侵犯你。勝利者會把領域遭到入侵當作自己的錯，他們對自己的弱點就像對別人的弱點一樣敏感。他們知道，如果說失敗要歸罪在誰的身上，那個人應該就是他們自己。

有些人的生活是痛苦的，因爲他們在每一個點上都妥協，他們無法原諒自己，因爲他們妥協了；他們知道應該勇敢一點，但是他們被證明是懦夫；在他們的眼裡，他們喪失了自己的尊嚴，這都是妥協所造成的。

你經常感到受到壓制，被人欺負嗎？人們是怎樣對待你的？你是不是三番五次地被人利用？你是否覺得別人總占你的便宜或者不尊重你？別人在制訂計畫的時候是否不徵求你的意見，而覺得你會百依百順？你是否發現自己常常在扮演違心的角色，僅僅因爲在你的生活中人人都希望你如此？你想改變這種處境嗎？

美國心理學家韋恩・戴爾指出：「我從訴訟人和朋友們那兒最常聽到的悲嘆，所反映的就是這些問題。他們從各種各樣的角度感覺自己是受害者，我的反應總是同樣的：『是你自己讓別人這樣對你的。』」

蓋伊爾來找韋恩，因為她感到自己受到專橫的丈夫冷酷無情的控制。她抱怨自己對丈夫的辱罵和操縱逆來順受，她的三個孩子也沒有一個對她表示尊重，她已經走投無路了。

蓋伊爾對韋恩講述了她的身世。韋恩聽到的是一個從小就容忍別人欺負自己的人的典型例子。從她性格形成的時期開始，直到結婚為止，她的行動一直受到她的極端霸道的父親的監視。沒想到她的丈夫「碰巧」和她的父親非常相像，因此婚姻又一次把她推入「泥潭」。

韋恩對蓋伊爾指出，是她自己無意之中教會人們這樣對待她的，這根本不是「他們」的過錯。她不久就理解了，那麼多年她一直忍氣吞聲，實際上是自己害了自己，她的任務應當是從自己身上而不是從周圍環境來尋找解決問題的方法。蓋伊爾轉變了態度，設法向她的丈夫及孩子們表明：她不再是任人擺佈的了。

她丈夫最拿手的一個伎倆就是向她發脾氣，對她表示嫌棄，特別是當孩子們或者其他人在場的時候。過去她不願意當眾大吵，因此對丈夫的挑釁總是毫無辦法。現在，她要完成的第一個任務，就是理直氣壯地和她的丈夫抗爭，然後拂袖而去；當孩子們對她表現出不尊重的時候，她堅決地要求他們有禮貌。

在採取這種有效的態度幾個月之後，蓋伊爾高興地向韋恩報告說：她的家庭對她的態度發生了很大的變化。蓋伊爾通過切身經歷瞭解到，的的確確是自己教會別人怎樣對待自己的，三年之後的今天，她已經很少再被人欺負、被人不尊重了。

蓋伊爾還懂得了，自己解救自己的關鍵是：用行動而不是用語言去教育人。如果你打算通過一次冗長的討論來讓人理解你不願再受侵犯的重要資訊，那麼你得到的好處將僅僅局限在你和欺負你的人之間的談話過程中，也許你還會和欺負你的每個人進行多次「交流」，但是必須等到你學會了有效的行動方式，否則你仍然會有煩擾。這就證明，你表明決心的行動勝過千百萬句深思熟慮的言辭。

韋恩指出：「許多人以爲斬釘截鐵地說話意味著令人不快或者蓄意冒犯，其實不然，它意味著大膽而自信地表明你的權利，或者聲明你不容侵害的立場。」我們要學會保護自己的基本權益。

工作中不知你是否有這樣的體會：那些平時常傷害你的人會養成一種習慣，隨著時間的推移，他們對自己所做的事變得習以爲常。因爲你以前從來沒有反對過，他們就認爲這樣做是可以被接受的。一旦你忍無可忍，要求他們尊重你的權利、改正他們的習慣時，他們就會認爲自己有所失，反倒認爲是你的過錯。

此時，受傷害的一方和傷害人的一方似乎調換了位置，以致敗者猶勝，勝者猶敗，想要明確劃分他們的相異性越來越不可能，特別是當問題已擴大到不可收拾的地步時。

現在，不妨再想想比爾的教訓，然後記住這個原則吧，它可以適用於整個人生：如果有人傷害了你，你要及時告訴他，別覺得有什麼難爲情。如果錯的是他，你可以讓他知道你的立場，他很可能會有所改變。他也可能會覺得羞愧不已，對自己的自私行爲感到內疚。宣揚你的權利絕不是占人便宜。當然，這樣做的前提是要適度，不能過度反應。

因爲要想爭取在處理與同事之間的問題上占上風，就必須把目光聚焦在受到傷害這個事實上，而非挖掘別人的動機或人格，只有這樣才能使對方產生自責感和羞愧感——這是最能從根本上解決問題的因素。只有毫不客氣地把你的損失和受到傷害的事實列出來，你才有可能避免下一次的傷害。

當然，這條法則並不是教你去占別人的便宜，侵犯他人的應得權利。爲此，你應該注意：

◎ 盡可能用行動而不是用言辭做出反應

如果在家裡有什麼人逃避自己的責任，而你通常的反應就是抱怨幾句然後自己去做，那下一次就要用行動來表示。比如，如果應當是你的兒子去倒垃圾而他經常忘記，就提醒他一次。

如果他置之不理，就給他一個期限。如果他無視這一期限，那麼你可以不動聲色地把垃圾倒在他的床頭。一次這樣的教訓，要比千言萬語更能讓他明白你所說的「職責」的意思。

◎拒絕去做未必是你的職責的事

面對你不願去做也非必須你去做的事情時，你有拒絕的權利。

◎斬釘截鐵地說話

你必須在一段時期內克服你的膽怯和習慣心理，心甘情願地邁出這一步。

◎不說那些可能會使別人欺負或小瞧你的話

「我是無所謂的」「我可沒什麼能耐」或者「我從來不懂那些法律方面的事」，諸如此類的推脫之詞，就像是爲其他人利用你的弱點開了「許可證」。比如，當服務員合計你的帳單時，如果你告訴他你對算數一竅不通，那你就是在暗示他，你不會挑什麼錯的。

◎對盛氣凌人者指明他們的行為

當你碰到吹毛求疵、好插嘴、強詞奪理、誇誇其談、令人厭煩以及其他類似的人時，可以冷靜地指明他們的行爲。你可以用諸如此類的話聲明：「你剛剛打斷了我的話」，或者「你埋怨的事永遠也變不了」。

這種策略非常有效，它告訴對方，他們的舉止是不合情理的。你表現得越平靜，對那些試探你的人越是直言不諱，你處於軟弱可欺的地位上的時間就越短。

◎你有權支配自己的時間去做自己想做的事

從繁忙的工作中或是熱烈的場合中脫身休息一下是理所應當的。你有權支配自己休息和娛樂的時間，這是不容他人侵犯的正當權益。

◎敢於說「不」

摒棄那種支支吾吾的態度，不要給人造成誤解。和隱瞞自己真實感受的「繞圈子」的話相比，人們更尊重那種不含糊的回絕。同時，這也是尊重你自己的表現。

◎心境坦然

不要為人所動，也不要對自己所採取的果斷態度感到內疚。當維護自己的正當權利時，要做到坦然。

記住：是你教會人們怎樣對待你的。如果你把這一條當作指導你生活的原則的話，你就能夠自在處世了。

6 該批評時就批評

古人云：「人非聖賢，孰能無過。」一個人對世界的認識永遠都是有限的，他（她）永遠都需要別人的批評和指正來彌補自己的不足。如果大家發現了問題，但誰都不好意思說，而是聽之任之、放任自流，那麼不僅對個人成長極爲不利，對於整個團體來說也必定會造成非常嚴重的傷害。

「千里之堤，潰於蟻穴」，一個小小的錯誤往往能釀成大禍，所以敢於提出批評是我們每個人都應該擔負的責任和義務。

唐朝初期的宰相魏徵以敢於直言進諫著稱，不管什麼時候，只要唐太宗有錯誤，他都敢於直接提出批評。

有一次，唐太宗違反他制定的十八歲成年男子才須服兵役的規定，決定徵召十六歲以上、十八歲以下、身材高大的男子從軍。

命令發出以後，遭到魏徵的極力反對，唐太宗對此非常生氣。魏徵沒有感到畏懼，他義正詞嚴地說：

「您現在把強壯的男子都抽去服兵役，那麼，田由誰來種？工由誰來做？您常常講，當國君，首先要講信用，可是國家的法律明明規定，男丁中十八歲以上的強壯者才需要服兵役，您為什麼不遵守呢？您這樣做，在老百姓面前不就失去信用了嗎？」

魏徵的批評讓唐太宗頓時沒了火氣，他對自己這位宰相既賞識又敬畏。魏徵病逝以後，唐太宗異常悲痛地說：「夫以銅為鏡，可以正衣冠；以史為鏡，可以知興替；以人為鏡，可以明得失。朕常保此三鏡，以防己過。今魏徵殂逝，遂亡一鏡矣！」

魏徵之所以能得到唐太宗如此高的評價，就是因爲他敢於直言進諫。魏徵不懼權貴，敢於直接批評別人的錯誤，不僅爲國家立下了不朽功勳，也讓他成爲以後歷朝歷代官員效法的楷模。

可惜的是，在當今社會，像魏徵這樣敢於直言批評別人的人卻並不多。無論在什麼時候，永遠是「一團和氣」，是「你好，我好，大家好」的「和諧」場面，「多栽花，少栽刺，留得人情好辦事」成了很多人自覺遵守的交際法則。上司不敢批評下屬，怕少了支持；下屬不敢批評上司，怕被「穿小鞋」；朋友之間不敢互相批評，怕傷了和氣；自己不敢批評自己，怕丟了「面子」。這樣的結果就是，我們能聽到的實話越來越少，這對所有人來說都是有百害而無一利的。

孟子曾經提出過「聞過則喜」的觀點，所以，敢於批評別人不僅不會傷了雙方的感情，反而是對對方負責的表現。因爲你的批評，別人可以防微杜漸，提前意識到自己身邊的隱患；因爲你的批評，別人可以及時糾正錯誤，避免出現嚴重的後果；因爲你的批評，別人可以引以爲戒，從而不會一錯再錯。所以該批評時就批評，遠比順嘴說好話有價值得多。

「良藥苦口利於病，忠言逆耳利於行。」我們要敢於批評別人，哪怕造成一時的不和諧，也不要不好意思開口。我們應該與別人坦誠相見，以誠相待，對彼此負責，這才是人與人之間應有的關懷和真情。

7 不誇大自身的「傷口」

有些人喜歡誇大自己的「傷口」，也許他們希望別人體貼自己，也許他們想要宣洩壓力，於是他們就把自己的傷痛加倍，告訴別人也告訴自己，彷彿那些「傷口」再也沒有辦法癒合。

事實上，影響癒合的正是這種「留戀傷口」的行爲，他們忘不了「傷口」，也不願意忽略它，寧可把疼痛當作生活的重心，也不尋找方法做一次「傷痛轉移」。其實，「傷口」留下的不過是一道「疤」，看似嚴重，卻早已不礙事，只有對它們念念不忘的人才會一次又一次地受到傷害。

在人的一生中，比死亡、衰老、疾病更慘重的打擊就是失去理想。理想是一個人的人生意義所在。爲了理想，很多人甘願忍受一切痛苦；如果失去了實現理想的機會，那麼一切苦難都會變得難以忍受。

偉大的音樂家貝多芬患上了耳聾，嚴重的時候甚至聽不到任何聲音，一個創造美麗旋律的人卻聽不到聲音，這不得不說是最大的悲哀。貝多芬消沉過、絕望過，甚至寫下了遺囑。但最後他還是決定在原地站起來，靠著堅強的毅力繼續他的創作，並登上了人生的巔峰。

失去並不等於一無所有。人不應該只有一個理想，當原來的那個理想無法實現時，就要尋找下一個，這才是生命的意義所在。昨日的理想不能挽回，明日的理想還未建立，我們需要做的是留心觀察、仔細尋找，總會有事情喚起我們曾經的激情，讓我們重新奮發的。

第五章

尊重別人的意見，也表達自己的觀點

我們主張，人應該是有鋒芒的，
雖然不必像刺蝟那樣全副武裝、渾身帶刺，
至少也要讓那些兇猛的動物感到無從下口，
倘若張口咬你只會得不償失。

1 客套與親密都要適度

講客套，是我們必不可少的禮儀文化，比如，同事之間相互幫忙，你要說「謝謝」；無意間冒犯了別人，你要說「對不起」；多年未見的朋友突然見面，彼此要寒暄一陣子……所有這些，如果做得恰到好處，當然無可厚非。可是，如果我們不分人物、場合，太過注重禮節、太客套、太拘謹，那麼就有「見外」的嫌疑，尤其是和那些比較熟悉的人，如果太講究客套，雙方的感情往往就會漸漸疏遠。

法蘭西斯．培根曾說過：「**人與人之間最大的信任就是對於直言的信任。**」的確，所謂「見外」往往是指因某種不必要的委婉而與對方形成的一種心理上的隔閡。反而是直言，有時候恰恰是一個人真誠的表現，也是和對方關係密切的標誌。

在有些國家，人們不習慣於太多的客套而提倡自然坦誠。例如，在美國，主人請你吃飯，如果每道菜上來時你都客氣一番，遲遲不動，那麼，也許你會餓著肚子回家；如果你是一位進修學者，當指導教授問及你的特長和主攻方向時，如果你過分自謙，也許你就會被派去洗試管、做雜活。

可見，在現代交際中，什麼時候要客氣，什麼時候要直言不諱，往往是影響一個人交際成敗的關鍵。通過成功的口才這一媒介，不熟識的人可以熟識起來，長期形成的隔閡可以消失，積累已久的矛盾也可以通過它得到解決；而若是語言運用不當，除了交際失敗，甚至還會損害自身的形象。

不能過分講客套是我們提倡的，但是適當的客氣還是必需的；否則，別人會以爲你不尊重他，或者對他有成見，同樣會讓朋友、同事對你敬而遠之。

有些人爲表示與朋友之間的親密無間，亂用尖刻詞語，在別人面前盡情嘲諷朋友；還有一些人，一聚會就忘乎所以，以能言善辯、嘩眾取寵爲樂，或指手劃腳、信口雌黃，或在朋友說話時肆意打斷。也許這只是簡單的表現欲，並無惡意，但沒有人天生喜歡做你的觀眾、忍受你的言語傷害。其實，就算是再熟悉的同事、再親密的朋友，也需要適當講究客氣，不能過於隨便。

因此，一個人不管是在誰的面前，熟悉的也好，不熟悉的也好，雖說不能太過客套、謙讓、拘謹，但是起碼的客氣、尊重和誠信還是要注意的。

2 無趣的話題不如不說

很多時候，人們同別人聊天時，無論是熟悉還是不很熟悉的朋友，常常會覺得無話可說，或者說出的話乏味無趣，讓人聽著沒有與其聊天的興趣。一直這樣聊下去，只能讓人對你的印象大打折扣。

好口才不是天生的，它更需要人的後天培養。想讓自己的言談不乏味，妙趣橫生，就必須要有廣泛的知識做基礎。如果你的學識夠深，知識面夠廣，那麼你在與人交談時候的話題自然就多，也會更靈活。

有句話叫「腹有詩書氣自華」。的確如此，一個人只有掌握的知識多了，說話才能更具魅力。因此，爲了讓自己能夠出口成章、妙語連珠，你不妨多參與一些能夠擴大自身知識面的活動。

比如，利用假日走向大自然，陶冶性情，也可以旅遊，在旅遊中，你可以接觸到新事物，增加見識，談資多了，不僅可以爲以後的交際增加話題，也能讓你的話題變得有趣。

另外，你最好緊跟時尚，當然這裡的時尚不僅僅是服飾的時尚，也是知識方面的時尚，多瞭解新事物；多看一些報紙、新聞，瞭解時事，瞭解社會的最新動態。在社交活動中，大家經常會談到時事，如果你「兩耳不聞窗外事」，那麼你一定無法融入大家的談話，就更不用說能使談話妙趣橫生了。

當然，我們也要多關注生活，加強生活積累。要想讓大家喜歡聽你聊天，你就要緊貼生活，因爲生活往往是大家最關注的問題。

無論是知識、閱歷，還是情感、生活，只要你能認真地去探索，你就會發現它們都不是深不可測的。因此，要想讓自己妙語連珠，激起大家聆聽的興趣，你就要多掌握各方面的知識。

3 鍛煉自己的「口舌」

有些人或許覺得自己的說話聲音不動聽，也害怕說錯話，因此不敢在別人面前大聲說話。如果你總是在意自己的聲音不好聽，說話沒有力度，那麼你越是這麼想，你就越沒有自信，也越容易在公眾場合變得結巴。不要以爲聲音是天生的，改不了；也不要以爲會講話、能成演說家的人一定從小就說得流利。其實，一個人是否會說話、說話的聲音動聽與否在很大程度上要靠後天來塑造。

日本前首相田中角榮，少年時曾患有口吃，但他沒被困難嚇倒。爲了克服口吃，練就口才，他常常朗誦、慢讀課文。爲了準確發音，他對著鏡子糾正嘴和舌根的發音部位，嚴肅認真，一絲不苟。

試想，一個有口吃的人尚能克服自己的不足，並且在口才上有所造詣，何況先天口齒清楚的我們呢？

當然，除了刻苦，還須大膽、自信地表達，這樣你說出的話才不會磕磕巴巴、詞不達意。

有些人只能和最熟悉的朋友談話，否則，一開口總免不了緊張。比如，有的人在做公眾演講時，他可能覺得在場的人會仔仔細細地分析他所說的每句話。但事實上，聽眾們並不會這麼做。下面聽你講話的人也只是和你一樣的普通人，你在某些方面一定比他們優秀。你一旦從心理接受了這種自信，說起話來自然就順暢多了。

其實，會說話和擁有自信相輔相成，如果你能大膽地把自己想說的話講給別人聽，這就是一種自信。當你得到了對方的熱烈回應，那麼你的這種自信就會上升。

如果你能一直保持這樣的自信，讓你的說話聲音變得洪亮，聲音傳達到對方那裡，並取得熱烈的反應，這樣不斷循環，你的自信就會越來越多，你的談話就會越來越順暢，你的「人氣」也將會不斷地提升。

社交中，無論是與熟悉的人還是陌生人聊天，要想贏得對方的好感，你說話時的表情、語氣、語調都是非常關鍵的。

你語言裡所表達的同情、關心、厭惡、鄙視、信任、尊重、包容、原諒、排斥、憤怒、反感、欣慰等，都會暴露在你的面部表情、語調以及你說話的聲音中。因此，我們說話的時候，不僅要在語言的內容上下功夫，也要在表情、語氣、語調上多注意。

作為語言輔助工具的語調、語氣，能起到和表情同樣的效果。比如，富於變化的語調，能夠增強言語資訊的明晰度，是交流的重要輔助手段。

一個人如果善於運用語調、語氣，在交流中就會爲說話的內容增加分量，但是如果把握不好，則會讓人更快地失去機會。

一個會說話的人，會通過自己的表情和語調來向對方傳達自己的感情，讓表達更具感染力。比如，與對方談論起愉快的事情時，應該使用明快而爽朗的聲調；與對方談論起憂傷的事時，應該使用低沉、緩慢的聲調；同對方辯論問題或鼓勵對方時，應該使用比解答問題和安慰對方時高出一倍或幾倍的嗓門。這樣輕重抑揚相結合，才便於人表達豐富多彩的內心世界，抒發真情實感。

另外，語調不僅表現在人說話時要高低有致，還體現在人說話的速度上。例如，對於一個複雜的主題，你需要給予聽眾更多的時間來消化你所講的內容。在與人講話時，你要試著調整語速，以保證與聽者的理解速度相一致。放慢語速聽起來更加成熟和嚴謹，這表示你在謹慎地選擇語言，並使自己的資訊聽上去更重要。加快語速會傳達一種興奮、熱情和能量。聽眾需要更努力地跟上你的談話，因此更迅速地交流可以引起注意，並更需要集中精神。

語速和聲調是一種最有效的結合。無論你和他人談論什麼話題，都應該注意讓自己說話的語速、語調與所談及的內容相協調。

當然，除此之外，如果你口齒清晰、言談清楚明白，別人會更多地傾聽你的話。如果你的話含混不清或言語曖昧，人們往往會失去聽你說話的耐心。因此，一個人說話時的語調、節奏、強度、熱情和速度都是可能催人入眠，或者發人深省、使人興奮、充滿活力的重要因素，需要在平日多加鍛煉。

4 別讓讚美染上「逢迎拍馬」的嫌疑

讚美的話人人都愛聽，卻不是人人都會說。讚美的話說得好，就彷佛是用一支火把去照亮別人的生活，也會照亮自己的心田，有助於體現被讚美者的美德，推動彼此友誼健康地發展，還可以拉近雙方之間的距離，甚至消除彼此的怨恨；說得不好，則會讓人覺得你是在逢迎拍馬，難免會對你敬而遠之。

讚美的話，如果誇大其詞、不切實際，就很容易讓人聯想到逢迎拍馬。對方不但不會對你的讚美心存感激，甚至還會對你產生不必要的誤解和信任危機。

懂得讚美的人都知道，在日常生活中，人們有顯著成績的時候並不多見，因此，交往應從具體的事件入手，善於發現別人哪怕是最微小的長處，並不失時機地予以讚美。讚美用語越翔實具體，說明你對對方越瞭解，對他的長處和成績越看重。讓對方感受到你的真摯、親切和可信，你們之間的距離就會越來越小。這不但有助於你的人際交往更上一層樓，還能使你更順利地開展自己的工作。

無論你是與人初次見面，還是碰到多年未見的朋友，或者拜訪客戶，都不能缺少一番「場面話」。這個時候，你給人的印象好壞便取決於你說話是否讓人「受用」。人人都喜歡聽好話、聽讚美的話，所以爲了達到雙贏的效果，在人際交往中適當地運用恭維對方的「場面話」是必要的。

「場面話」也許人人會說，但是如何掌握說「場面話」的時機、技巧及內容，就有大學問了。有些話，在別人聽來，明明知道不過是「場面話」，但是聽了覺得非常得體，於是心裡也就對你所說的「場面話」欣然接受了。

說「場面話」，其實有很多的話題可以切入。比如，在對方的辦公室，你可以從他的辦公室裝修說起；如果你發現對方的打扮非常特別，你可以從她的穿著風格說起；如果你曾經聽別人說過對方的名字和事業，你可以從他的成功說起；如果你知道對方有些很特別的能力，你可以從虛心討教說起；等等。只要你可以適時、適地地切入適合的話題，那麼接下來的談話就會比較順暢了。

但是，凡事要有個度，如果「場面話」說得太誇誇其談，不符合實際，那麼你的「場面話」就有討好、巴結的嫌疑了。這時，你不僅可能達不到預期的效果，更有可能會適得其反。

說場面話要切合實際，要說得不讓別人感到「肉麻」；如果你說得太過直白，或太過誇大事實，你的話讓所有人都坐立不安，那還不如不說。

場面話有時候就像一個屋子的裝潢設計，簡單大方的設計一般是最讓人心曠神怡的，因此「場面話」也講求淺顯又簡單。「場面話」要讓人聽著舒服，就要避免說一些不好的東西。比如，你如果突出了對方的優點，對方聽了會開心；而你若強調對方的缺點，除非是你不願意和對方聊天，否則，對方一定對你超級反感。

適當地說些好聽的「場面話」，是有禮貌、有教養的表現。這樣不僅可以營造良好的情感氛圍，而且可以使雙方在心理和情感上靠攏，縮短雙方之間的距離，從而更有利於自己和對方友好的合作。

讚美是一門說話的藝術。適當得體的讚美，會使人感到開心、快樂。一個人只要真正掌握了讚美的方法，在人際交往中就能如魚得水。所以，讚美的話一定要說得巧妙，最高明的做法是自然而然、不露痕跡。

不要小看讚美這門藝術，若能正確運用它，就會使被讚美者心情愉快；而作爲讚美者自己，也會從中感到快樂和幸福。

5 說大話贏不來別人的尊重

說大話的害處，許多有識之士早已深知。魯迅先生說過：「我想，大話不宜講得太早，否則，倘有記性，將來想到會臉紅。」這就告誡人們，遇事要採取實事求是的態度，說話要留有餘地，千萬不要說大話，不要「吹牛」；不然，說了大話，臉紅一下倒也無妨，引出別的事來就不合算了。

山裡住著一隻狼和一隻狐狸。有一次聊天，狐狸說：「這個世界上，人才是最厲害的，假如你見到人，千萬要趕快逃跑，否則會吃虧的。」

自以為兇猛的狼並不相信，說：「人算什麼，我住在這山裡已經這麼多年，還沒怕過什麼東西。如果我遇見了人，一定毫不猶豫地向他撲去，讓他知道我才是最厲害的。」

於是牠們決定第二天去找一個人證實一下。

第二天，狐狸和狼先遇見了一位老人，但是狐狸卻說：「他以前是人。」

牠們又遇見了一個背著書包的小男孩，狐狸還是搖搖頭否定：「他將來會是人。」

最後，他們遇見了一個獵人，狐狸告訴狼：「這是人。」說完自己就先逃跑了。

此時，狼想都沒想就撲了過去，結果被獵人打得落花流水。等到狼僥倖逃脫跑到狐狸身邊時，牠痛苦地說：

「啊，我沒有想到人的力量這麼大，幸虧我跑得快，要不然我就真被那個人打死了！」

狐狸非常不屑地看了狼一眼，冷笑著說：「你就會說大話，現在神氣不起來了吧！」

雖然這只是一則寓言，但是非常生動地道出了說大話的壞處。管子說過：「言不得過其實，實不得過其名。」自古以來，有許多名人學者常常用管子的這句話作爲自己的座右銘。然而，有的人卻並不懂這個道理。

趙國有一個方士好講大話，自稱見過伏羲、女媧、神農及堯、舜、禹、湯等，以致「沉醉至今，猶未全醒，不知今日世上是何甲子也」。恰好當時趙王墜馬傷肋。

大夫說：「須用千年動物的血敷上才容易痊癒。」於是，艾子和趙王說，他聽說有個方士，至今已有數千歲了，如果殺了他，用他的血為大王療傷，一定很快就會痊癒。

趙王聽了大喜，派人秘密抓獲了那個方士，打算將其殺死。方士嚇得拜倒在地，哭訴著請求趙王饒命。他說：

「昨日是父母的五十大壽，請來了父老鄉親同來祝壽，沒想到酒喝多了，不知不覺言辭過度，說了大話。其實，我哪裡活過千歲呀。望趙王赦免！」

在今天，一般來說，有才幹的人是值得欽佩和尊重的，所以人們都努力地朝這個方向靠攏，有些急脾氣的人便採用了「吹牛」這種手段。在辦公室裡，他們神乎其神地講述自己如何有能力、有條件、有資本，還有模有樣地描述著成功事例。當然，一般都會在一片「噓」聲中結束「演講」。

這種可笑的舉動，大大影響了他們的形象，降低了同事們對他們的信任度。

有些人雖然沒有什麼本事，卻偏偏喜歡「打腫臉充胖子」，在眾人面前賣弄自己的才華、財富，大肆吹噓，硬是「把芝麻說成西瓜」。

然而，我們都知道，比起那些大搖大擺張揚賣弄的人，比起那些咋咋呼呼的說大話者，那些處事低調的人往往才是最值得尊敬的人。

6 巧妙而適度地推薦自己

任何東西「有」才有用，「沒有」就沒用，才能也是這樣，利從有出。所以我們要善做交換。

在求職過程中，你不僅應該是一個偉大的「製造商」，善於生產社會最需要的產品，而且還應該是一個偉大的「推銷員」，善於使人認識和接受自己，把自己「推銷」出去。

很多人由於傳統觀念根深蒂固的束縛，有一種極其矛盾的心理和難以名狀的自我否定、自我折磨的「情結」。在自尊心與自卑感的衝撞下，他們一方面具有強烈的表現欲，另一方面又認爲出「風頭」是不合適的行爲。但在競爭激烈的今天，想做大事業，就必須放棄那些不痛不癢的「面子」，更新觀念，大膽地推薦自己。

常言道：「勇猛的老鷹，通常都把牠們尖利的爪牙露在外面。」巧妙而適度地推薦自己，是變消極等待爲積極爭取、加快自我實現的不可忽視的手段。

精明的生意人，想把自己的商品推銷出去，總會先吸引顧客的注意，讓他們知道商品的價值。人要想恰如其分地「推銷」自己，就應當學會展示自己，最大限度地表現出自己的優勢，給人生的每個階段一個合理的定位，然後信心十足地爲自己創造全方位展示自身才能的機會。

對於一個剛剛畢業的大學生來說，一定要學會「推銷」自己。如果你和其他同期畢業生一樣，只會散發履歷表，墨守成規地做事，那麼絕不會有什麼出人意料的結果。

如果你想短期內就有好消息，你就必須另闢蹊徑，敢於推薦自己。其中，採用主動引起他人關注的方法就是一種捷徑。

我們之所以要主動推薦自己，引起別人的關注，主要是因爲機遇是珍貴的、可遇不可求的、稍縱即逝的。如果你能比同樣條件的人更爲主動一些，機遇就更容易被你抓住。因此，主動出擊是「俘獲」機遇的最佳策略。另外，世界上總是「伯樂」在明處，「千里馬」在暗處，並且「千里馬」多而「伯樂」少。「伯樂」再有眼力，他的精力、智慧和時間都是有限的，等待可能會耽誤「千里馬」的一生。

我們都知道「守株待兔」的行爲是愚蠢的，那麼我們就沒有必要坐等「伯樂」的出現，而應該主動尋找「伯樂」。

更值得注意的一點是，時代在前進，歲月不饒人，隨著新人輩出，每個立志成才者都要考慮到自己所付出的時間成本。一次機遇的喪失，便可能導致幾個月、幾年甚至是一輩子年華的「錯位」。明白了這個道理，我們就會有一種緊迫感，在行動上多幾分主動，以便有更多的機會，使更多的人來注意自己。

但是，毛遂自薦對很多人來說並不是一件容易的事情，這需要一定的膽識和勇氣。不自信、害怕失敗的人是不敢嘗試的，只有具備勇氣的人才會獲得成功。

機會可遇不可求，機會在很多時候是由我們主動爭取的，那些不敢也不願意推薦自己的人，往往會與機會失之交臂。所以，如果你是一個真正有才華、有特長的人，關鍵的時候大可不必過分「壓制」自己，要適時做好自我推薦，以求得發展的機遇。

7 認真傾聽，適時插話

很多人喜歡侃侃而談，並以此爲榮。不錯，在很多時候，這些人奔放的思想、精彩的言辭烘托了交際氛圍，使大家其樂融融地在一起，彼此高興、友善地交流、溝通。但對這些人來說，如此的舉止或許能爲自己贏來朋友，卻得不到對自己有用的資訊。

人的能力畢竟有限，肯定有許多東西是我們個人所無法瞭解的。通過傾聽別人的談話，我們往往可以獲取許多有用的資訊，並分享他們的知識和經驗，爲我們的思考提供幫助。

一九五一年，威爾遜帶著母親、妻子和五個孩子，開車到華盛頓旅行。

他們一路所住的汽車旅館，房間矮小，設施破爛不堪，有的甚至陰暗潮濕，又髒又亂。幾天下來，威爾遜的母親抱怨地說：「這樣的旅行度假，簡直是花錢買罪受。」

善於思考問題的威爾遜聽到母親的抱怨，又通過這次旅行的親身體驗，得到了啟發。他想：我為什麼不能建一些便利汽車旅行者的旅館呢？

他經過反覆琢磨，暗自給汽車旅館起了一個名字，叫「假日酒店」。

想法雖好，但沒有資金，這對威爾遜來說，是最大的難題。他想拉募股份，但別人沒搞清楚假日酒店的模式，不敢入股。

威爾遜沒有退縮，心中只有一個念頭，那就是必須想盡辦法，先建造一家假日酒店，讓有意入股者看到模式後，放心大膽地參與募股。擁有遠見卓識、敢想敢幹的威爾遜，冒著失敗的風險，果斷地將自己的房子和準備建旅館的地皮作為抵押，向銀行借了三十萬美元。

一九五二年，也就是他旅行的第二年，他終於在美國田納西州孟菲斯市夏日大街旁的一片土地上，建起了第一座假日酒店。五年後，他將假日旅館開到了國外。

傾聽別人說話，是社交中必不可少的內容。能夠耐心聽別人說話的人，必定是一個富於思想的人。威爾遜就是一個有思想的人。他的成功，在很大程度上在於他能注意傾聽別人的談話。

我們在吸取他人有益的思想時，必須做的事就是像威爾遜那樣，學會傾聽，聽他人說什麼，並從他人的語言中提煉出有價值的資訊。

我們的聽覺不僅僅是一種感覺，它是由四種不同層面的感覺組成的：生理層、情緒層、智力層和心靈層。眼睛和耳朵是思維的助手，通過它們我們可以感覺到真正的意味。當它們「動作」協調時，我們就能夠真正聽到別人在說些什麼，而不是草率地聽。

做一個耐心的傾聽者要注意以下六個規則：

規則一：對講話的人表示稱讚

這樣做會營造良好的交往氣氛。一般而言，對方聽到你的稱讚越多，就越能準確表達自己的思想。相反，如果你在聽話中表現出消極態度，就會引起對方的警惕，對你產生不信任感。

規則二：全身注意傾聽

你可以這樣做：面向說話者，同他保持目光的親密接觸，同時配合標準的姿勢和手勢。無論你是坐著還是站著，都要與對方保持在對於雙方都最適宜的距離上。人們大多只願意與認真傾聽、舉止活潑的人交往，而不願意與推一下才轉一下的「石磨」打交道。

規則三：以相應的行動回答對方的問題

對方和你交談的目的，往往是得到某種可感覺到的資訊，或者迫使你做某件事情，或者使你改變觀點，等等。這時，你採取適當的行動就是對對方最好的回答方式。

規則四：別逃避交談的責任

作爲一個傾聽者，不管在什麼情況下，如果你不明白對方說的話是什麼意思，你就應該用各種方法使他知道這一點。比如，你可以向他提出問題，或者積極地表達出你聽到了什麼，或者讓對方糾正你聽錯之處。如果你什麼都不說，誰又能知道你是否聽懂了？

規則五：對對方表示理解

這包括理解對方的語言和情感。有個工作人員這樣說：「謝天謝地，我終於把這些信件處理完了！」這就比他簡單說一句「我把這些信件處理完了」多了一些情感。

規則六：要觀察對方的表情

交談很多時候是通過非語言方式進行的，那麼，你就不僅要聽對方的語言，而且要注意對方的表情。比如，看對方如何同你保持目光接觸以及說話的語氣、音調和語速等，同時還要注意對方站著或坐著時與你的距離，可以從中發現對方的言外之意。

在傾聽對方說話的同時，還有幾個方面需要努力避免：

第一，別提太多的問題

問題提得太多，容易造成對方思維混亂，說話時精力難以集中。

第二，別走神

有的人聽別人說話時，習慣考慮與談話無關的事情，對方的話其實一句也沒有聽進去，這樣做不利於交往。

第三，別匆忙下結論

不少人喜歡對談話的主題做出判斷和評價，表示贊許或反對。這些判斷和評價，容易讓對方陷入「防禦」，造成交際的障礙。

以下是五點令人滿意的傾聽態度：

◎適時反問；

◎及時點頭；

◎提出不清楚之處並加以確認；

◎能聽出說話者對自己的期望；

◎輔助說話的人或加以補充說明。

一個人在傾聽過程中如何插話，才能達到最佳的傾聽效果呢？

根據不同對象可採取不同的方法：

（1）當對方在同你談某事，因擔心你可能對此不感興趣，顯露出猶豫、爲難的神情時，你可以趁機說一兩句安慰的話。比如：

「你能談談那件事嗎？我不十分瞭解。」

「請你繼續說。」

「我對此也是十分有興趣的。」

此時你的話是爲了表明：我很願意聽你的訴說，不論你說得怎樣，說的是什麼。這樣可以消除對方的猶豫，堅定對方傾訴的信心。

（2）當對方由於心煩、憤怒等原因，在敘述中不能控制自己的感情時，你可用一兩句話來引導。比如：

「你一定感到很氣憤。」

「你似乎有些心煩。」

「你心裡很難受嗎？」

說了這些話後，對方可能會發洩一番，或哭、或罵都不足爲奇。因爲，這些話的目的就是把對方心中鬱結的一股異常情感「誘導」出來，當對方發洩一番後，會感到輕鬆，從而能夠從容地完成對問題的敘述。

值得注意的是，說這些話時不要陷入盲目安慰的誤區。不要對他人的話作出判斷、評價，說一些諸如「你是對的」「他不是這樣」一類的話。你的責任不過是順應對方的情緒，爲他架設一條「輸導管」，而不是「火上澆油」，強化他的抑鬱情緒。

（3）當對方在敘述時急切地想讓你理解他的談話內容時，你可以用一兩句話來「綜述」對方話中的含意。比如：

「你是說……」

「你的意見是……」

「你想說的是這個意思吧……」

這樣的綜述既能及時地驗證你對對方談話內容的理解程度，加深印象，又能讓對方感受到你的誠意，並幫助你隨時糾正理解中的偏差。

以上三種傾聽中的談話方法都有一個共同的特點，即不對對方的談話內容發表判斷、評論，也不對對方的情感做出是與否的表示，並始終處於一種中立的態度上。

切記，有時在非語言傳遞的資訊中你可以流露出你的立場，但在語言中切不可流露，這是最重要的。如果你試圖超越這個界限，就有陷入傾聽誤區的危險，從而使一場談話失去方向和意義。

你想要從對方那裡得到更多的東西，就必須做到一點：多聽少說。誰說得越多，誰獲得的東西就越少。

在溝通中，讓對方說得越多，你瞭解對方真正意圖的機會就越多。所謂「知彼知己，百戰不殆」。當你掌握的對方情況，遠比對方知道的你的情況還要多時，你自然就把握住了先機。

培根曾說：「打斷別人、亂插嘴的人，甚至比發言者更令人討厭。」打斷別人的說話也是一種無禮的行爲。

隨便打斷別人說話或中途插話，是失禮的行為，往往會在不經意間破壞了自己的人際關係。

每個人都會有情不自禁地想表達自己想法的願望，但如果不去瞭解別人的感受，不分場合與時機，就去打斷別人說話或搶接別人的話頭，這樣會擾亂別人的思路，引起對方的不快，甚至會產生誤會。

要獲得好「人緣」，要想讓別人喜歡你、接納你，就必須根除隨便打斷別人說話的陋習，在別人說話時不要隨便插嘴，並做到：

◎不要用不相關的話題打斷別人說話；

◎不要用無意義的評論打亂別人說話；

◎不要搶著替別人說話；

◎不要急於幫助別人講完事情；

◎不要爲爭論雞毛蒜皮的事情而打斷別人的話題。

人只有做到認真傾聽、適時插話，溝通才會順暢，自己也才會有很大的獲益。

第六章

不該美化的「吃虧」

過於斤斤計較、「打著算盤佔便宜」的人，
往往會遭到別人的排擠和疏遠。
但是，過於老實的人也容易「吃虧」，
所以，生活中，「吃悶虧」、「吃啞巴虧」要有正確的認識，
更不能用耍聰明、玩手段，讓自己陷入尷尬的境地。

1 不吃「啞巴虧」

中國的傳統思想一直奉行的是——「吃虧是福」。人生中有很多事情都有著無奈的結局，於是有些人用這句成語聊以自慰。但人們一般在別人或自己失敗後才這樣說，起到安慰的作用。

實際上，有些時候，美化挫折是對自己的某種開脫與逃避，明明吃的是「塹」，並且不停地吃，卻忘記了長「智」，如果不能認真吸取教訓，再多的「塹」，恐怕也是白吃。

一個人看不清自己，爲了不切實際的想法破釜沉舟，也許這種精神讓人感動、讓人讚嘆，但同時也會讓人覺得他是「不長記性」，結果只會是竹籃子打水——一場空。

對待事要「吃一塹，長一智」，對待人也應該如此。

如果你曾經對一個人說過對方不愛聽的話或是做過不好的事情，那麼，日後你再次面對這個人的時候，就不要說讓對方覺得不舒服的話，也不要再做讓對方反感的事了，這也是「吃一塹，長一智」！記住別人的喜與惡，絕對對自己有好處，可以讓自己免遭冷落。每當我們吃「塹」的時候，一定要長記性！

但是，「虧」也不能亂吃。有的人爲了息事寧人，去「吃虧」「吃暗虧」，結果只會是「啞巴吃黃連，有苦難言」。

曾國藩說過：「**做人的道理，剛柔並用，不可偏廢。太柔就會萎靡，太剛就會折斷。**」人行於世，不能鋒芒畢露，但也不能軟弱無力地任人宰割。

在日常生活中，我們經常可以看到很多人雖然明知道權益被不法侵害，但只要無大礙，就能忍則忍，不願爲此勞神費力。可是，他們的息事寧人卻常常使自己的利益受到無端損失。

事實上，屬於自己的利益，我們就要主動去爭取。凡事要養成主動爭取自己利益的習慣。有些人總覺得自己處處被動、處處受人壓制，殊不知，這種被動局面完全是由自己造成的。如果你事事主動，事事想在前面、幹在前面，你就會從被動的局面中解脫出來。

要知道，生活中，只有我們自己才是自己命運的主宰。許多事不是我們默默等待，就會有好結果；有些利益必須自己去爭取，只有這樣，我們才有可能在關鍵時刻力挽狂瀾、回天有力，也能使我們在日常生活、工作和人際交往中遊刃有餘，不「吃啞巴虧」。

雖然有「吃虧是福」一說，但哪些「虧」該吃，哪些「虧」不該吃，應該怎樣吃，我們都要在心裡有個底。在為人處世中，有的人知道有時「吃虧」的確會給自己帶來好處，卻不知道如何把握「吃虧」的尺度。所以說，**「吃虧」要吃得明明白白才值得**。

「吃虧」時，至少要讓對方明白，讓對方意識到，你「吃虧」是為了幫助他，他才會心生感激；而你看起來「吃虧」了，其實是因為寬容，你的內心十分坦然。

2 有錢一起賺

一般而言，生意人都是「無利不起早」。但想把生意做好，想讓別人願意與你合作，你就必須照顧別人的利益。有錢大家賺，利益共用，才能贏得更多合作的機會。相反，如果你只顧一己之私，而無視對方的權益，結果只能是「一錘子買賣」「自斷後路」。

李嘉誠曾說過：「如果一單生意只有自己賺，而對方一點不賺，這樣的生意絕對不能幹。」他在生意場上一直信守「利益均沾」的原則，每一次與人合作都會讓對方也獲得一定的利潤。只要你懂得分享利益，每一次與你合作的人都能獲得利益，他們自然還會希望繼續與你合作，那麼你就會有做不完的生意。

李嘉誠不僅對合作夥伴如此，對下屬更是這樣，當事業有發展的時候，他懂得讓下屬分享利益。也許有人會疑惑，在商言商，皆爲利來，你把錢分給別人了，自己不就少了嗎？

其實不然，這裡存在著一條商場「悖論」，也就是你把利益分享給別人，你的利潤不但不會減少，反而會增加。其實道理很簡單，對方獲得了利益，合夥人有了好機會自然會先想到你，而員工也會更加賣力地爲你工作，你賺的錢自然就越來越多。

做生意要有長遠的眼光，不僅要分析事情會有什麼樣的發展趨勢，還要研究應該採取什麼樣的方法去應對。當你做到這一點的時候，實際上就已經爲自己的生存和發展留下了餘地。

一九八七年，一塊政府公地拍賣，因為地理位置良好，擁有極高的開發價值，房地產界的多數大亨都參加了這塊地皮的拍賣，當天李嘉誠也出現在拍賣現場。

從一開始，拍賣的場面就異常火爆，火藥味也特別濃。李嘉誠和一位競標者連叫兩口，底價連跳兩次。後來李嘉誠發現商場上有名的「飛仔」胡應湘也加入了競拍。

李嘉誠知道胡應湘的實力不菲，並且他們也合作過。當會場上的競拍價格連抬十一檔時，李嘉誠派得力助手周年茂與胡應湘商談合作，並且達成了協議，胡應湘停止了競拍。最後，李嘉誠以自己當時預計的最高價位拍下了這塊地。

在拍賣會後，李嘉誠宣佈：「這塊地是我和胡應湘先生聯合所得，將用以發展大型國際商業展覽館。」

雖然李嘉誠出價很高，而且他決定和胡應湘共用利益，但是李嘉誠在這次投資中還是獲得了豐厚的利潤。

李嘉誠之所以用利益共用的條件來請胡應湘停止競價，是因為在競投的時候做了長遠的打算。如果胡應湘一直和他「叫板」，最後的價格肯定會超過他的底線。而分出一點好處給胡應湘，這不僅能幫助李嘉誠在控制的價格之內，將發展空間巨大的公地攬入懷中，而且他在與胡應湘分享利益的同時又在拍賣場上化敵為友，為自己將來的發展多留下了一條「後路」。

所以，有時候表面上看起來並不佔優勢的事情，對自己將來的發展卻有著極大的幫助。懂得分一些利益給別人，是為人處世中必須重視的一點。

3 埋頭工作外，也要抬頭看看

很多年輕人學歷優秀，能力出眾，但他們天真地認為，自己不擅長交際，也沒必要與人溝通，做好自己的工作就行了，說那麼多話幹什麼，甚至將溝通與溜鬚拍馬、阿諛奉承聯繫起來。身處職場，我們不可能不說話，沒有人願意和一個「悶葫蘆」交往。即使你是個天才，你也得表現出來，才能讓人家知道你的才華。如果不想在公司裡被人當成「透明人」，就不要默默地等著同事來關心你的工作，等著上司來關注你的才華。

職場上，除了埋頭工作之外，你還得經常抬頭看看，主動和同事及上司溝通，讓大家知道你在幹什麼、做到什麼程度了、有什麼經驗分享給大家。這樣做不僅可以避免很多的無用功，而且可以達到事半功倍的效果。從某種程度上說，溝通能力決定了你日後的發展。

比如，聰明的員工在講到自己的成績時，不管孤軍奮戰的他爲了完成這項工作付出了多少心血，他必然會對上司說這樣的話：「在上司的指導下，在大家的幫助下……」這段話沒有什麼實際意義，誰也不會因爲這兩句話，就真的認爲你的「功勞」和他們有關，但這是你對上司的尊重、對同事的看重，表現出了你的團隊協作能力。聽到這樣的話，上司會放心地讓你帶團隊，同事也會放心地加入你的團隊。

再比如，上司交派了工作，沉默寡言的員工會回答一聲「好的」，然後轉身出門，而聰明的員工則會熱情地回應：「我立刻去辦。」這句話可能會讓人覺得有奉承的嫌疑，但它的實際意義是：我對這項工作非常看重，我會立即行動起來。這能夠使吩咐你去辦事的上司覺得他無須再爲此事憂心，因爲你很快就會搞定。但是，如果你的回答只是淡淡一聲「好的」，就好像你並沒有把工作放在心上一樣，那你的上司即使把事情交給你辦，也會放心不下。

你如果只是埋頭幹活，而並不打算和人談談你幹的活，時間一長，不管是上司還是同事，都會產生這樣的疑問：你一聲不吭的，誰也不知道你做了什麼、能做什麼，留在公司還有什麼價值？

你不主動出擊，就只能被人忘記。所以，不要忘記與同事、與上司甚至與你的客戶多談談你的工作，讓他們知道你也是有想法、有能力的，時間長了，你在職場的形象就會大爲改觀。

很多人的哲學是崇尚低調，然而，在職場上，太過低調會對個人的發展形成障礙。野心其實也是一種自我鼓勵的力量，對權力的嚮往也並不是壞事，要想在職場引起他人的注意，除了具備工作能力外，還要具有優秀的溝通能力，能夠巧妙地展現自己的亮點，勇於把握機會，讓大家知道你的優勢，並幫助你發揮你的優勢。

在職場中，如果得不到上級主管的青睞，無論你有多麼出色的能力，也很難被提拔。而你不願意「走出去」，總是等著別人來找你，那很有可能會一直處在等待的狀態。因此，只有通過溝通，才能使你的上司瞭解你的工作能力、應變能力與決策能力。

其實只要你有心，和上司溝通的機會是非常多的。每次溝通都是一個良好的機會，如當你們在電梯、餐廳偶遇時，你可以趁機向他彙報一下自己目前的狀態如何、取得的進展和遇到的困難等，或者只是聊一些家常，誇獎一下他的孩子或者衣服品味，彙報一下自己目前正在進行的工作等。

如果時間允許，再進一步詳細說明工作過程。若這些機會都沒有，也不要自怨自艾，機會是可以自己創造的，你可以在工作會議上，或者直接到上司辦公室去找他談談，特別要使上司認識到，你的所作所爲都是出於把工作做好的目的，是在爲公司設身處地地著想。要明白，當上司在考慮管理層的人選時，對公司越有歸屬感和深入認知的員工，越有被提拔的機會。

4 薪水是「談出來」的

很多人都覺得，在職場中，自己有多大的能力、付出了多少努力是和拿到的薪酬成正比的。然而，也有很多人做事賣力氣、肯吃苦，能力也不差，卻沒有得到相應的報酬獎勵。於是，這些人就越幹越沒信心，並且抱怨連連。他們從來沒有想過，職場上，薪水是掙來的，但也是談出來的。

有些人覺得，只要自己努力工作，做出成績，老闆就會看在眼裡，主動加薪。這樣的老闆或許有，但是遇到的機率並不大。除非你的表現實在太突出了，否則，你只能自己爭取加薪。

然而，和老闆談加薪，說起來容易，卻是每個職場白領最爲頭疼的事情。如果直截了當地和老闆要求加薪，不僅老闆不高興，你也會尷尬。如果正好碰上老闆心情不好，你提出加薪不但會遭到拒絕，就連你是否能繼續待下去都是個未知數。所以，在與老闆談加薪的時候，我們不僅要把握談話的內容，還要談話的把握時機。

職場精英的標誌之一就是職位高、薪水高。爲自己謀求一份合理的薪水是每個職場人要面對的事。雖然和老闆談薪水有時候讓不少人感到爲難，但是既然認准了職場，要當職場中的精英，就應該對自己的薪水負責，要學會做一個職場加薪的「談判」高手。

5 居功不自傲，更別去「搶功」

每個人都喜歡好的東西，越是好的東西，越捨不得讓給別人，這是人之常情。因此，有些人看到對自己有利的東西時，貪婪的本性就暴露了出來。在競爭激烈的職場中，有些人喜歡把別人的功勞占爲己有。這樣的人，不去創造自己的業績，而是偷偷地去佔有別人的功勞，到最後只能是損人不利己。

不屬於你的功勞，就不要去搶，搶別人的功勞不是成功的捷徑。就算你搶了別人的功勞，別人並不知道，你也會因此而心裡不踏實。而且，世上沒有不透風的牆，一旦你搶別人功勞的事情被揭穿，你將會無顏見人，失去他人對你的尊重，可謂是得不償失。

或許，眼前的利益的確很誘人，但是在你心底的欲望升起的時候，你也應該弄明白，這份利益是不是靠著你一個人打來的，該不該屬於你。如果不是你的，最好儘早放棄。只有自己親手創造的功勞才是自己的財富，別人的東西終歸是別人的。

另外，不僅不要去搶奪別人的功勞，有時候，你還要同他人分享功勞。職場中沒有他人的合作，你是不會如此順利獲得成功的。每個人成功的背後肯定會有很多人爲之付出努力。如果一個人獨享大家一起奮鬥得來的成果，只會引起其他人的反感，從而爲下次合作以及你的人際關係帶來障礙。

不可否認，自我表現是人類的天性，每個人都希望展現自己美好的一面。但前提是，你必須清楚地明白，你的美麗是在大家的襯托下才體現出來的。即便你真的很「美麗」，如果沒有大家的祝福，你也不可能真正快樂。當你在工作上有特別表現而受到別人肯定時，千萬要記住一點，別獨享榮譽，否則這份榮譽將會給你的人際關係帶來障礙。

職場中，凡是喜歡爭功的人都不會受到同事的歡迎，也不會獲得老闆的欣賞，爭功的結果只會使自己陷入孤立境地。因此，我們一定要做到感謝他人，與他人一起分享成功的喜悅，並且要懂得謙卑的重要意義。

在今天，無論你從事什麼工作、處於什麼環境，你都無法脫離其他人對你的支持，一個人完成所有的事情。所以，在各種各樣的頒獎典禮上，我們總會聽到人們說：「感謝我的老師，感謝我的朋友，感謝某某人……」

有些人覺得，聽著這些「套話」都覺得虛假。可是，千萬不要以爲這些話是可有可無的「套話」，這種「口惠而實不至」的感謝雖然缺乏「實質」意義，但聽到的人心裡會覺得很愉快，利人利己。

因此，人一定不要居功自傲。尤其初涉職場的年輕人，要學會感謝他人的協助，不要認爲所有的成績都是自己一個人的功勞。要明白，無論你爲某件事付出了多少努力，一定還有其他人的參與，這個功勞就不是你自己的，而是屬於集體的，榮耀也是屬於大家的。

其實，獨佔功勞，說白了就是要去和別人搶「生存空間」，因爲你的搶奪會讓別人變得「黯淡」，從而產生一種不安全感。而當你獲得榮譽，試著去感謝他人、與人分享時，他人會認爲自己的付出值得，心裡也會覺得踏實。

一個人爲人處世一定要以謙卑爲先，不居功自傲、不獨佔功勞，這樣你才能得到他人的尊重，你也才能得到更大的發展。

6 寧可沉默，別做「牆頭草」

「牆頭草」是一種隨著風向來回傾倒的植物，後來人們用它來比喻那些沒有主見立場、意志不夠堅定、見風使舵、見異思遷、左右搖擺的人。生活中，這樣的人不在少數。這樣的人雖然在複雜的社會關係中能夠討好一部分人，但也常常因爲這種性格而栽了「大跟頭」。

做「牆頭草」，往往會損人害己。當你隨著風向倒向一邊的時候，被你背棄的那個人心裡一定受到不小的創傷，一方面對你的做法感到失望，另一方面也對炎涼世態感到灰心。而你自己也好不到哪裡去，試想，別人會喜歡你這樣的「牆頭草」嗎？即便是有人喜歡，在心裡也一定對你保留了一份戒備，你終究是得不到別人的信任的。

這種「牆頭草」的作風在職場屢見不鮮。比如，老闆剛擺出一個方案，說得挺興奮，叫大家發言。有人說：「這個方案挺好的，創意特別新……」老闆插話說：「創意新未必有效果啊，沒創意未必效果差啊。」這個人馬上改口：「是這樣的，聽著挺好的，執行起來難度很大，而且效果未必好……」這種做法讓人永遠聽不到異議，這種人沒有自己的立場和主見，難以取信於別人。

如果有不同意見，又怕說出來別人不高興時，可以選擇笑著沉默，或者找些有關聯的事情來打破沉默。這樣要比做一株「牆頭草」，隨著風向搖擺不定好得多。

7 先義後利者榮，先利後義者恥

我們處在一個共生的環境之中，人與人之間是一種相互依存、互爲支撐的關係。這就要求我們「以助人爲立身之本，以濟世爲快樂之源」。

幾乎每個人都會在生活和工作中遇到「義」與「利」的矛盾，那麼，怎樣來處理這個問題呢？

「義」與「利」是相對應的一對關係：言義必及利，言利必及義；義需要利的承認和支援，利也需要義的認可與制約。義建立在利的基礎之上又規範著利，利包容於義的範疇之內又昇華著義。

儘管古往今來，人們在「義」與「利」的相互關係上，存在著種種爭論，但「貴義賤利」「義以爲上」「先義後利」「先公利而後私利」

等價值觀，卻早已成爲人們廣泛認同與普遍追求的重要價值觀。

很多人花了半輩子時間打下一份「江山」，卻往往因爲接下來的幾步路沒有走好，而丟掉了來之不易的成功！講「義」還是講「利」，往往需要我們擦亮雙眼，只有面對現實，才能做出最好的選擇！

對於企業而言，「義」，就是「坦坦蕩蕩的胸懷，正正當當的行爲」。具體而言，「坦坦蕩蕩的胸懷」就是要求我們心懷感恩、見賢思齊，時刻忠於企業、堅持原則，以企業利益爲重；「正正當當的行爲」就是要求我們樹立利他意識與公利意識，能夠識大體、顧大局、盡己本分。

趨利避害是人之本性。企業要求員工恪守「義」，並不排斥或否定員工對「利」的獲得和追求。應當始終堅持「義利並舉、以義致利、以義審利、以義制利」的義利統一原則，摒棄「唯利是圖、背信棄義、見利忘義、利令智昏」等違背社會倫理道德與價值觀的醜陋行爲，堅決抵制種種不講原則的牟私利等不義行爲。

臨陣脫逃、推卸責任是不義；人在其位、不謀其政是不義；設關布卡、索拿卡要是不義；「江湖義氣」、網開一面是不義；不顧大局、本位主義是不義；犧牲企業利益、換取個人私利是不義。如果我們貪圖於一己私利或一己小利，就有可能給他人和集體的利益帶來莫大的損害。

孟子說：「生，吾所欲也，義，亦吾所欲也，二者不可得兼，舍生而取義者也。」數千年來，在中華大地上曾有無數的志士仁人，爲了民族尊嚴與國家利益而不惜殺身成仁、捨生取義。無數事實證明：對「義」的崇尚與弘揚，是生意場上無往而不勝的重要精神指南。

我們處在共生共存的環境中，一定要有「助人爲樂，濟世爲懷」的覺悟。只有當企業的每名員工都自覺地樹立「先義後利者榮，先利後義者恥」的思想與觀念，企業才可能真正營造出「上善若水，厚德載物」的和諧環境，我們也才可能在立人的同時立己，在達人的同時達己，並在此基礎上成就真正的人生事業與理想。

第七章

車到山前未必有路，該回頭時就回頭

做人踏實、善良、本分、待人誠懇、堅持原則本沒有錯，
但是，有些人太「死腦筋」了，
他們總是抱著所謂的「原則」，
無論前方的路是否走得通，固執地非要堅持到底，
結果撞到「南牆」，碰得頭破血流。

1 做人做事不要「一根筋」

有這麼一則腦筋急轉彎：「一個人要進屋子，但那扇門怎麼拉也拉不開，爲什麼？」答案是那扇門是要推開的。

生活中，我們常常會犯這種「只知拉門進屋，不知推門進屋」的錯誤。其中的原因很簡單，就是我們有時遇事只會「一根筋」，不會變通。有時候，周圍的環境變了，我們卻不知變通，還固執一端，「鑽牛角尖」，認「死理」，結果就會鬧出笑話來。

《呂氏春秋》裡記載著這麼一則故事：

楚國有一個人搭船過江，一不小心，身上的劍掉進了河裡。同船的人都勸他下水去撈，但他卻不慌不忙，從身上掏出一把小刀，在劍落水的船邊刻了個記號。

有人問：「這有什麼用啊？」

他回答說：「我的劍就是從這個地方掉下去的，我做個記號，等會兒船靠岸時，我就從這個刻記號的地方下水去把劍找回來。」

船靠岸時，他就跳進河裡去找劍，結果自然沒有找到。

刻舟求劍，是一種刻板的、不知變通的思維方式。有時候我們就像那個刻舟求劍的人，環境已經變了，我們卻還守在原來的地方，以為這樣堅持就能找到那把「劍」。殊不知，這不過是自己愚蠢的固執罷了。

有一隻美麗的鳥兒，生來就有一雙健全有力而且美麗的雙翅，但是自從出生以來，牠每天只讓雙腳在有限的地面上跳躍行走，卻從來不曾試著展開翅膀翱翔天際。

其他的鳥類同伴在天空上見到牠這樣，實在不忍心，紛紛飛降下來，勸牠放棄這種跳躍的方式，去運用牠的翅膀，那樣可以飛得又快又高。可是這隻鳥兒卻回說：「沒關係，我的雙腳很有力，很會跳。」

即使再強健有力的雙腳，跳躍一整年也比不上同伴在天上飛翔一個小時所能越過的距離。

在我們的生活中，很多人常常犯和那隻鳥兒一樣的錯誤，喜歡和別人「唱反調」，固執己見，不肯接受別人的建議，不肯改變自以爲是的想法，總以爲自己比別人聰明。

人們常常抱有這樣一種看法，認爲自己在通往目標的路上雖然遇到了許多困難，但只要再堅持一下，成功就會到來。

這個看法並沒有錯，但問題在於，如果我們選擇的道路本身就存在著一些難以克服的問題，這個時候就不應該再堅持下去，不要「一條道走到黑」。或許我們一直抱著這樣一個觀念：每個成功人士，幾乎在開始的時候都遇到過困難，渡過了難關後，前面就是「康莊大道」。

然而，如果我們一開始就選擇了錯誤的道路，遇到了困境，還一味死撐下去，我們可能很快就會陷入人生的困境之中。

生活中，我們應該學會變通，學會在山窮水盡的時候轉換一下思路，轉化一下心情，說不定就會「柳暗花明又一村」。變通能讓我們少一些鬱悶，多一些開心，少一些煩惱，多一些幸福。遇事不「鑽牛角尖」，人也舒坦，心也舒坦。

俗話說：「變則通，通則久。」只要我們學會變通，許多事情就能變不利爲有利，變不可能爲可能。

據說關於皮鞋的由來還有這樣一個典故：

以前人們沒有鞋子穿，走在路上，不得不忍受碎石硌腳的痛苦。在某一個國家，有一個僕人把國王的所有房間全鋪上了牛皮，當國王踏在牛皮上時，感覺雙腳非常舒服。

於是，國王下令在全國各地的馬路上都鋪上牛皮，好讓國王走到哪裡，都會感覺舒服。有一個大臣建議：不需要如此大費周折，只要用牛皮把國王的腳包起來，再拴上一條繩子就可以了。於是國王無論走到哪裡，都感到雙腳舒服了。

故事中的大臣是聰明的，他的變通，做到了舒服與節約兩全其美。假如我們在工作、學習之餘，能學會變通，隨時調整自己的方向和步驟，便會產生事半功倍的效果。

實際上，促成人類社會進步的幾乎一切科技發明，起因都是解決問題過程中的「另闢蹊徑」，而不是「一條道走到黑」。比如，爲了解決「怎麼才能更快地收割小麥」的問題，如果我們僅限於傳統的方法——把鐮刀磨得更快，而不是想著去創造另外一種方法，就永遠也發明不了聯合收割機。

上一次解決問題的辦法，這一次不一定適用。所以，我們要學會變通，找到其他的辦法，積極解決問題。

在人生的道路上，我們常常會因爲理想的光彩、曾經的美好而「昏了頭」，以不屈不撓、百折不回的精神去堅持、去爭取，結果卻因爲本來就錯誤的東西而輸掉了自己的整個人生！

所以說，我們在處理問題上一定要學會適度地變通，不要把自己的固執、錯誤的堅持誤以爲是正確的執著。

2 車到山前未必有路，還須早早探路

「車到山前必有路，船到橋頭自然直」，這是人們津津樂道的經驗之談，意在告慰一些身處逆境、絕境的人天無絕人之路，不要放棄，一切事情都會向好的方向轉變。

而在現實生活中，多數信奉「車到山前必有路」的人常常抱有僥倖

心理。他們癡迷於「山重水複疑無路，柳暗花明又一村」的遐想；他們忘情於峰迴路轉、「鹹魚翻身」的盲目樂觀。於是，有些人明明知道自己走上了一條不容樂觀的道路，卻固執地不回頭，等著絕處逢生。

比如，窮途末路的歹徒會視法網於不顧，一意孤行，以身試法；輸紅了眼的賭徒會鋌而走險，孤注一擲……因爲他們相信「車到山前必有路」，而結果呢，迎接他們的往往是傾家蕩產的悲劇、鋃鐺入獄的惡果。

其實，「車到山前」，即使有路也未必是「正路」，也可能是誘惑和陷阱。一味地相信「車到山前必有路」，會逐漸消磨我們的意志，麻木我們的心智，使我們萎靡不振，讓我們陷於命運的骨牌中而一推即倒。

人若一味地相信「車到山前必有路」，很可能使自己陷入「船到江心補漏遲」的困境。誠然，凡事都保持一種積極向上的心態是不錯，但我們不能總是遇到困難時才「臨時抱佛腳」，企圖置之死地而後生。相信「車到山前未必有路」是教我們學會審時度勢，而不是夜郎自大；是教我們做運籌帷幄的張良，而不是做大意失荊州的關羽。別把「車到山前必有路」當作生命中的一種必然，在生活中要多一分睿智、多一分從容。

「車到山前未必有路」是給我們的當頭棒喝，它讓我們知道我們是生活在現實中的人，而不是影視劇中那些逢山開路、遇水搭橋的英雄好漢。凡事「預則立，不預則廢」。長久以來，我們如果總是遵照自己的習慣行事，總以自己的感覺、觀點和經驗來認知世界，而不能從事物的現狀來觀察其真本質，就會導致自負和盲目。

老子告誡我們「不自見故明」，即不目空一切才能洞悉事理。如果我們總是希望在自己最無助的時候出現奇蹟，那就太天真了。

車到山前未必有路，意在告誡我們做人不要心存僥倖，尤其是在學習和工作中，不要臨陣磨槍，而要踏踏實實，更要未雨綢繆。

人生是一次探險，在生活的道路上，我們會面臨很多選擇，「車到山前必有路」的思想可以作爲一種激勵自己的手段，但絕不能成爲我們人生的信條；否則，一次疏漏，很可能讓你後悔終生。

車到山前未必有路，所以我們應該早早探路，找最好的路走。不然，到了一座無路可走的山前，我們既浪費了時間，又耗費了精力。

3 執著於無望的事，最後只會一無所獲

有些人執著於自己原本就無法實現的目標，還一副「語不驚人誓不休」的態度。殊不知，這樣堅持下去，往往是目的沒達成，還錯過了另外的機會。

煩惱皆因太執著，想要好好生活，就必須學會正確取捨！人生中的很多時候何嘗不是如此呢？該妥協時不妥協，繼續下去可能遭遇更可怕的後果；該放下時不放下，身心的負擔只會越來越沉重。

一個人最理智的行爲，莫過於看清時勢，該放手時就放手，該妥協時就妥協！其實，放手和妥協並不是一件壞事。當我們掉進沼澤時，學會妥協能使我們及時地爬上岸來，遠遠地離開那塊沼澤；當我們錯過一班公車的時候，學會妥協可使我們不再錯過另外一班公車……

人們常說，沒有金剛鑽，就別攬瓷器活；什麼蟲鑽什麼木。發揮自己的長處，避免自己的短處，找準自己的定位和座標，這是一個人走向成功的首要條件。

對於那些達不到的事情，對於那些永遠都不可能實現的目標，無論是事業還是感情，都應該儘早地放棄，不要死纏爛打，以免「一條道走到黑」，最後卻深陷在失敗和痛苦中！

生活中，我們對於事業、前途、愛情、生活目標等人生大事，執著地去追求，當然無可非議。但是當我們對某些事情過於執著時，往往就會演變成固執。

很多事情並不像你所期待的那樣，當你爲了自己的想法而一味地去追求的時候，往往最後受傷害的人就是你自己。所以，你要記住，生活不要太執著，有些明知道無法做到的事情就應儘早放棄；否則，太過執迷不悟，往往是傷了自己，也傷了別人。

我們知道生命有限，應該好好把握。成功需要執著，但也不能太執著，過於執著，就是固執。

因爲過於執著，會喪失許多機會，也會失去很多。沒有放棄，就沒有得到，放下那個「無法達到的目標」，你會發現生活很美，世界很大，值得你付出的還有很多很多。

今天，如果你正在堅守一份不切實際的「執著」，那麼就請放下吧，明智的放棄勝過盲目的執著，及早地調整自己，你會發現成功正在前方向你招手！

4 拆掉思維裡的那堵「牆」

數學家華羅庚講過這樣一個故事：

如果我們去摸一個袋子，第一次我們從中摸出一個紅玻璃球，第二次、第三次、第四次、第五次我們還是摸出了紅玻璃球，於是我們會想，這個袋子裡裝的全是紅玻璃球。

可是當我們繼續摸到第六次時，摸出了一個白玻璃球，那麼我們會認為這個袋子裡裝的是白玻璃球罷了。如果我們繼續摸，又摸出了一個小木球，我們又會想，這裡面裝的是一些木球吧。如果我們再繼續摸下去……

我們在一個有限的範圍內接觸了一定的、類似的概念後往往會形成一種思維定式，並且在一定的範圍內似乎它也是沒錯的。

很多人走不出思維定式，所以他們在人生的道路上總是遭遇障礙；而一旦走出了思維定式，也許就可以看到許多別樣的人生風景，甚至創造出新的奇蹟。

在現實生活中，一個人的思維方式往往決定了他成功與否。一個人如果總是以一種固定的模式思考，往往只能步別人的後塵。人只有變換思路，才能事事爲先。比如，萊特兄弟受飛鳥啓發，造出了飛機，成了人們都爲之興嘆的傳奇；牛頓從蘋果落地悟出了萬有引力，他的名字便留芳萬世……換個角度、換個思路，也許我們面前就是一番新的天地。

有位拳師，熟讀拳法，與人談論拳術時滔滔不絕。拳師與人對戰，也確實戰無不勝，可就是打不過自己的老婆。

拳師的老婆是一位不知拳法為何物的家庭婦女，但每每打起來，總能將拳師打得抱頭鼠竄。有人問拳師：「您的功夫都到哪兒去了？」

拳師恨恨地道：「她每次與我打架，總不按路數進招，害得我的拳法都沒有派上用場！」

拳師雖然精通拳術，戰無不勝，可碰到不按套路進攻的老婆時卻一籌莫展。

「熟讀拳法」是好事，但「拳法」是死的，如果盲目運用書本知識，一切從書本出發，以書本爲綱，脫離實際，這種由書本知識形成的思維定式反而會使人遭到失敗。

「知識就是力量」，但如果是「死讀書」，只限於從書上的觀點和立場出發去觀察問題，不僅不能給人以力量，反而會抹殺人的創新能力。所以，在我們工作或者學習知識的同時，應保持思維的靈活性，注重學習基本原理，同時要和實際相結合，而不是一味地死記一些規則，這樣才能學以致用。

在人生的旅途中，我們如果總是經年累月地按照一種既定的模式前行，就容易產生消極乏味的感覺；面對問題換個位置、換個角度、換個思路，認識對象，研究問題，多角度、多方位、多層次、多學科、多手段地考慮，而不是只限於一個方面、一個答案，也許我們面前就會是一番新的天地。人只有不斷地突破思維定式，超越自我，人生才會更精彩。

5 隨機應變，行不通時就「換招」

當我們在大海上駕駛著輪船向著目的地航行時，忽遇暴風雨，你是冒著可能翻船的危險頂著風浪繼續向前呢，還是暫時改變航向，避開危險？面臨這樣的選擇，也許所有的航海者都會採取後一種方式，畢竟無謂的犧牲是毫無意義的。

有句話說：此路不通，另闢蹊徑。這不但是行路的好方法，在我們的日常生活中也非常實用。所謂另闢蹊徑，就是換個思路想問題。具體的方法有很多，比如，轉換問題的類型、轉移問題的視角、轉換問題的焦點，或者借助解決其他問題的辦法來解決目前的問題，等等。

當我們航行在人生的大海上，碰到波濤、漩渦，甚至是颱風、巨浪時，如果我們拒絕掉轉船頭，認爲迎著風浪前行才是勇敢者的行爲，那麼我們很可能會付出船毀人亡的巨大代價。這個時候，掉轉船頭，繞開漩渦，另闢蹊徑，並不意味著懦弱和放棄，而恰恰是走了一條更容易達到目標的捷徑。

現實生活中，不論處理任何事情，都要靈活應變。此招不行，就趕快換招，否則，即使你用盡了力氣，恐怕也難以達到目的。

6 有志氣地吃「回頭草」

人們常說「好馬不吃回頭草」。「好馬不吃回頭草」表露出的是一種一往無前的勇氣和志氣，不過，從另一個角度來看，這個說法頗有點「一條巷子走到黑」的意味，有一種盲目無知的勇氣！爲了「面子」上光彩不肯回頭的馬，往往會錯過真正的「好草」，甚至餓死。

在現實生活中，因爲不肯放下「面子」吃「回頭草」，而讓自己失去機會的大有人在。比如，有些人被老闆「炒了魷魚」，一個星期後，老闆發現誤會了他，又打電話讓他回去，這個時候，很多人會一口拒絕，從而錯過了在公司繼續發展的機會；還有些人和戀人發生了矛盾，對方提出分手，等到對方意識到自己錯了，要求重歸於好的時候，他卻堅決地拒絕了，認爲「好馬不吃回頭草」……

然而，如果這「草」原本吃起來就不爽口，那也就罷了；可若這草的確鮮嫩肥美，那「回頭」又有什麼不好的呢？

並不是勇往直前才有更多、更大的機會，很多時候，「回頭」往往也包含著新的機會、新的開始和新的面貌。可惜的是，很多人在面臨該不該「回頭」的問題的時候，都把「意氣」當成「志氣」。

衡量一匹馬是否好的標準並不是看它是否吃「回頭草」，而是看牠到底有多強壯，相同條件下可以行走多長的距離。同樣的道理，判斷一個人成功與否的標誌不是他是否「重操舊業」或者回到以前的工作單位和部門，而是看他是不是敢做別人不敢做的，能否尋找機會並把握住機會，並最終獲得成功。

有人做過一項調查發現，百分之四十離職的人認爲，即便原公司希望他回去，他也肯定不會回去了，主要原因就是覺得回去了丟人、臉上「掛不住」。如果使你猶豫不決的唯一原因是「面子」問題，那麼大可不必。你應該問一下自己，究竟是「面子」重要還是前途重要，是「面子」重要還是一輩子的幸福重要。就算當初的選擇是個失誤，也談不上是什麼原則性的大錯。

俗話說，「浪子回頭金不換」，那些勇於「回頭」的「浪子」往往會比從前更加努力地工作，並且更加珍惜這個失而復得的機會。

「好馬不吃回頭草」，聽似響亮、痛快，似乎很有「志氣」，其實在有些情況下是不足取的，因爲這樣會讓人缺乏迴旋的空間，自己把路堵死了，從而導致很多的失意和悲劇。所以，人要學會有志氣地吃「回頭草」，只要「回頭草」夠好。

7 改變規則，也是一種「規則」

「沒有規矩，不成方圓」，這句名言告訴我們規矩的重要性；可是人如果過於刻板，認爲規矩只能遵守而不能改變，那就大錯特錯了。很多人不僅缺少改變規則的勇氣和膽量，更缺少改變的意識，最後做出讓人啼笑皆非的事情來。

鄭國有一個人，看著自己腳上的鞋子從鞋幫到鞋底都已破舊，於是準備到集市上去買一雙新鞋。

在去集市之前，他先用一根繩子量好了自己腳的長短尺寸，隨手將繩子放在座位上，起身就出門了。

來到集市，剛要買鞋子，他才發現，他量好尺寸的那根繩子忘記帶了，於是放下鞋子趕緊回家去取。他急急忙忙地返回家中，拿了量過尺寸的繩子再趕到集市，集市上的小販都收了攤，他之前去的那家鞋鋪也打烊了。他鞋沒買成，低頭瞧瞧自己腳上，原先那雙鞋的窟窿更大了。他十分沮喪。

有幾個人圍過來，知道情況後問他：「買鞋時為什麼不用你的腳去穿一下，試試鞋的大小呢？」

他回答說：「那可不成，量的尺碼才可靠，我的腳是不可靠的。」

在現實生活中，買鞋子只相信腳碼而不相信腳的事也許不會發生，但類似的人倒是有不少。有的人說話、辦事、想問題，只從規則出發，不從實際出發；規矩是怎麼定的他就怎麼去做。在這種人看來，規則是不可改變的，只有規則才是真理。這樣的人，思想太過僵化，為人處世自然也會常常「碰壁」。

現今社會，可以說是瞬息萬變的，人如果墨守成規，遲早要被淘汰。只有那些懂得變通、敢於打破規則的人，才會有意想不到的收穫。

二十世紀八〇年代初，蘋果電腦公司拋棄傳統的「電腦一定是體積龐大的、難於操作的」觀點，率先推出最早的個人電腦蘋果Ⅰ、蘋果Ⅱ和麥金塔電腦；約一個世紀前，福特汽車公司生產出世界上第一輛不需要花費大量錢財就能買得起的汽車；幾乎同時期，柯達生產出第一台易於使用的相機，給肖像畫行業帶來了巨大的威脅；隨後，寶麗來研製出一種相機，無須沖洗就能出照片；飛利浦發明了用電子錄影帶來捕捉圖像的方法，無須膠捲和相紙；聯邦快遞找到了美國任意兩點之間的最短距離——每次均取道田納西州的孟菲斯，隔夜就可以送達包裹……

蕭伯納曾說過：「理性的人讓自己適應社會，非理性的人總是堅持讓社會適應自己，所以所有的進步都得靠這些非理性的人。」

或許，是因爲我們接受的教育太過傳統，或者，是安於現狀的心態讓我們失去了開發創新的心理，於是在做某些事的時候，大多數人會按既定規則行事，循規蹈矩……但有些人卻不。要知道，很多情況下只有繞開規則行事，跳開傳統的條條框框，我們才能另闢蹊徑達成目標。

很多年前，在美國一座城市郊區有一塊荒地，這塊荒地的地產老闆一直感嘆這塊地皮賣不出好的價錢。一天，他突然靈機一動，想出一個點子。他跑到當地政府，說：「我想把這塊土地無償送給政府建一所大學。」

但他同時提出的條件是，學校附近的商業、文化娛樂等設施應由他來建設和經營，當地政府自然表示同意。

不久，一所頗具規模的大學便矗立在這塊荒涼的土地上了。有大學就有學生，有學生就有消費。地產老闆隨之在學校附近興建了飯店、商場、娛樂設施等，並且全部由自己來經營。生意自然十分紅火，很快地皮的損失就從商業收入中賺了回來，而且盈利頗豐。

古往今來，凡是有所成就、叱吒風雲的人，都敢於打破舊規則，創立新規則。因爲，沒有一個規則是能通古今的，也沒有一種教化是長盛不衰的。由此說來，改變規則也是一種規則。

無論如何，規則是掌握在我們自己手裡的。雖然規則是約定俗成的，但並不是沒有別的方法和方式。如果不知道改變，只一味地遵守規則，是註定要落在別人後面的。當然，規則也是有存在的意義的，如果超出了允許的範圍，是肯定會受到懲罰的。人只有學會變通，而不是主觀地臆斷，才能走上真正的成功之路。

8 「刪除」無謂的忙碌

現代社會，競爭日益激烈，生活節奏越來越快，但很多人卻活得很壓抑，失去了很多的私人空間。

我們每天都被工作日程表牢牢地禁錮住，那上面滿滿地記載著我們每天必做的事，而它們也霸佔了我們生活的重心。當我們稍微有時間放鬆一下時，影視劇、電腦遊戲、娛樂中心等又將我們「淹沒」。我們通過這看似忙碌的假像，來掩蓋自己害怕無聊寂寞的事實，這往往使得我們喪失了獨立思考的時間，也讓我們無法再享受到清閒。

愛琳．詹姆絲曾經是美國宣導簡單生活的專家。作為一個作家、一個投資人和一個地產投資顧問，在努力奮鬥了十幾年後，有一天，她坐在自己的辦公桌前，呆呆地望著寫滿密密麻麻事宜的行程表。

突然，她意識到自己對這張令人發瘋的日程表再也無法忍受下去了。自己的生活已經變得太複雜了，用這麼多亂七八糟的東西來塞滿自己的每一分鐘，這簡直就是一種愚蠢的生活。就在這時，她做了一個決定：她要摒棄那些無謂的忙碌，多給自己的心靈一點時間。

於是，愛琳著手列出一個清單，把需要從她的生活中刪除的事情都羅列出來。然後，她採取了一連串「大膽」的行動。她取消了所有電話預約；停止了預訂的雜誌，並把堆積在桌子上的所有讀過、沒有讀過的雜誌全部處理掉；註銷了一些信用卡，以減少每個月收到的帳單函件；通過改變日常生活和工作習慣，她的房間和庭院的草坪變得更加整潔大方了。她的清單總共包括八十多項內容。

愛琳說：「我們的生活已經變得太複雜了。在我們這個世界的歷史進程中，從來沒有像我們今天這個時代擁有如此多的東西。這些年來，我們一直被誘導著，使得我們誤認為我們能夠擁有一切東西，我們已經讓自己厭倦了對新產品的嘗試。許多人認為，所有這些東西讓我們沉溺其中並且心煩意亂，因為它們已經使我們失去了創造力。

「因為受習慣的生活方式的影響，你每天有多少活動是不得不勉強去做的？追求舒適的習慣和煩瑣的例行公事是否讓你的日常生活落入浪費時間、浪費精力的陷阱？其實減少那些程式化的活動，你並不會因此減少快樂的機會。

「習慣驅使我們去做所有這些日常瑣事，我們總是擔心如果不去做，就會失去某些東西。其實，也許我們的確會失去什麼東西，但是這其實沒什麼太大的影響，我們還是好好地活著。還不僅僅是活著，而是活得更瀟灑了，因為我們再也用不著試圖去做所有的事情。看看那些在人類的藝術領域、音樂領域、科學領域做出過卓越貢獻的人，如畢卡索、莫札特、愛因斯坦等，這些人都生活在極為簡單的生活之中。他們全神貫注於自己的主要領域，挖掘內在的創造源泉，因此收穫了豐富精彩的人生。」

人生「負重」有時候是因爲我們額外地增加了一些不必要的工作，表面上看起來，我們是有所追求，是積極向上，但是仔細分析之後就會發現，我們陷入了爲忙碌而忙碌的「怪圈」之中。爲了不承擔懶惰、消極的「惡名」，或者爲了一些可有可無的消費享受，我們把自己支使得團團轉，這實在是一種錯誤的心態。

如果你仔細分析一下，就會發現總有些東西需要放下。摒棄那些多餘的東西，不要讓自己迷失方向。不要在無謂的忙碌上浪費大量的時間和精力，而這些時間和精力本來應該用於我們真正應該去做的事情上。

當面對工作的負荷再也無力「應戰」的時候，當遇到煩心事思緒混亂的時候，不妨給自己一個獨立的安靜的環境，可以去公園逛逛，欣賞奼紫嫣紅……這時你會突然發現：天是那麼藍，雲也分外白，這個世界真的好美，而這時你就會擁有一份好心情了！

放棄一些無謂的忙碌，時常給自己的心靈「放個假」，不但會使你疲憊的神經得到適時的放鬆，也會使你乏味平淡的生活得到調劑和點綴。

第八章

別讓「善良」埋沒你的天賦

尊重你的天賦，在這個基礎上努力才會有成果。
你的人生規劃，也應該把你的天賦計算在內。
只有這樣，你的努力才會有回報。

1 適合別人的不見得適合你

正如哲學家萊布尼茨所說：「世上沒有兩片完全相同的樹葉。」人也一樣，不管人與人如何相似與相近，但本質上都是完全不同的。因而誰也不可能讓別人取代自己，別人眼裡的幸福不一定就是你的幸福，適合別人的生活方式也不一定就是最適合你的。

有的人認爲擁有很多錢，便是一種幸福；有的人認爲擁有很多可自由支配的時間，便是一種幸福；年輕人認爲能在喜愛的事業上拼搏出一番驚人的成就，便是一種幸福；老年人認爲能與自己的兒女生活在一起，安享晚年，便是一種幸福；還有人認爲能永遠與自己心愛的人在一起，便是一種幸福……

在現實中，無論是在擇業，還是在創業的過程中，我們都需要瞭解自己的愛好和特長，並充分利用它們。這就如同一個射手要想取得10環的好成績，不僅要具備良好的槍法，也必須有好的準星一樣，只有二者結合起來，才能使子彈準確無誤地射向靶心，一槍中的。

二十世紀三〇年代美國經濟大衰退的時候，雷根在伊利諾州一個公眾游泳池做救生員。他經濟拮据，毫無方向感，一事無成，不知所措。

有一天，當地的一位名人愛斯杜拿到公眾游泳池游泳，與雷根閒談起來，這位先生一向是以樂觀自信著稱的。

「經濟衰退的情況不會是永久的。有志向上的年輕人應該懂得把握好這個時機，在這段時間學習創業的竅門；當經濟開始復蘇，機會的大門便會打開，而這些懂得把握時機的年輕人便會成為國家未來的主人翁。」愛斯杜拿對雷根說。

雷根那個時候最關注的是一個月後是否會失業，根本就沒有興趣去聆聽這些「過分樂觀」的話語。

「年輕人，你想在未來的數十年做些什麼工作？」愛斯杜拿沒有在意雷根那無奈的表情，繼續追問。

「先生……我沒有想過。」年輕的雷根慚愧地說。

「沒有想過現在就要好好地想一想了。」這位善良的長者絲毫不肯放鬆。

雷根本來想告訴愛斯杜拿他的志願是當演員，但他沒有這個膽子。於是，他說：「我希望做一個電臺的體育評述員。」

愛斯杜拿接下來的一番話，對雷根的一生有著決定性的影響。

「你要相信自己──只要你肯做，你就會做到。每個人都可以有美好的將來──只要他肯敲門、肯嘗試、肯努力！」

就是因為這句話，伊利諾州的洛厄爾公園少了一個救生員，而美國多了一位偉大的總統──由窮救生員到三流演員到加州州長再到美國總統，雷根最終實現了人生的跨越。

日本著名學者本村久一在他的《早期教育與天才》一書中說道：

「天才人物指的是有毅力的人、勤奮的人、入迷的人和忘我的人。但是，千萬不要忘記：毅力、勤奮、入迷和忘我的出發點實際上在於興趣。人有了強烈的興趣自然會入迷，入了迷自然會勤奮、有毅力，最終達到忘我。因此，我特別想說的是，天才就是強烈興趣和頑強入迷。」

的確，一個人無論是幹什麼工作或從事什麼職業，只要有了興趣，就能發揮出自己的思維力、想像力和創造力。所以，我們在認識自我時，首先要瞭解自己的興趣所在，這對於我們挖掘自己的「金礦」有著至關重要的意義。

當然，有時候，興趣並不能代表一切，一個人的「發光點」不是簡單的愛好所能決定的，要真正認識自己，還必須瞭解自己的性格，因爲性格對於一個人的發展影響深遠。某些特定性格的人比較適合於從事某些特定的工作，而某些特定的工作也需要一定性格特徵的人來從事。

例如，一般來說，以理智去衡量一切並支配其行動的人，比較適合於從事某項理論研究工作；而那些情緒波動較大、情感色彩較爲濃重的人，就不大適合於從事理論研究工作。又比如，業務性的工作或管理工作比較適合於性格活潑開朗、喜歡交際的人去從事；難度較大的工作適合精力旺盛、直率熱情的人去從事；等等。當然，性格對人生座標的影響也並不是絕對的，我們往往還需要結合自身的智力水準，包括社交能力、抽象思維能力和實際操作能力等，來綜合考慮自己的發展方向。

我們每天都與生活的品質進行著「拼殺」，無論你承認與否都是如此。生活有時是很無奈的，當你對生活感到乏味時，就會不快樂。所以，把握自己的生命態度，讓自己有限的生命儘量過得充實快樂，以提高自己的生活的品質，這才是最爲實際的。無論你愛好什麼，只要自己覺得快樂就是好的。

總而言之，適合別人的不見得就適合你，你眼中別人的幸福或許於對方而言正是一種苦難也未可知。而你擁有的或許正是別人羨慕的，雖然可能暫時困難重重，但畢竟是暫時的，只要你目標明確並爲之努力，幸福或許就在不遠的地方向你招手。找到最適合自己的生活方式，活出自己的精彩，哪怕再苦再累你也會覺得很甜。

2 對自己負責

「走自己的路，讓別人去說吧！」我們對這句話都並不陌生。可是，我們在生活中是否信奉它、實踐它呢？

著名的喜劇大師卓別林剛踏入影壇時，演技還很生澀，很多電影導演都建議他去模仿當時德國的一位著名演員。他們認為如果卓別林可以學到那位演員的五成功力，在演藝圈立足就已經綽綽有餘了。但是，卓別林不願意接受這些意見。他生性好強，覺得自己深具演員的天賦，只要多加磨煉，一定可以闖出一番名堂。

卓別林對那些導演說，如果刻意去模仿別人，那自己就失去了演戲的樂趣，少了樂趣，又怎麼能激勵自己進步？

因此，卓別林決定開創自己的表演風格，他不盲目做別人已經做過的事，而是努力從生活的各個角落取材，然後以誇張的肢體動作、扭曲的面部表情創造出喜劇感。

更難得的是，卓別林把許多複雜的小動作結合在一起，使這些動作首尾相連，一氣呵成，並從中衍生出無窮的喜劇感，深受觀眾的喜愛。

卓別林始終堅持自己的想法，而不去模仿別人的表演。

一個人如果只是模仿別人，就算做得再好，也不過是別人的「影子」，不但沒有自我，也無法創造出一塊屬於自己的「金字招牌」。所以，只有走在最前面的人，才是最有機會成功的人。

並不是追隨別人的腳步，就可以採擷到相同的果實，因爲沿途最好的果實很可能早就已經被別人捷足先登了。跟在別人後面走，你即使一時成功了，也不過是在追隨別人的「影子」。

每個人的條件不同、能力不同，那麼就應該掌握自己的方向，開創自己的道路。這條路也許很狹窄，沒有其他大路來得寬闊平坦，沿路也沒有豐盈鮮美的花果，只有滿途的坎坷與荊棘，但只要堅持下去，這就是一條完全屬於你自己的路。

貝多芬學拉小提琴時，技術並不高明，他寧可拉自己作的曲子，也不肯作技巧上的改善，他的老師說他絕不是個當作曲家的料。

提出「進化論」的達爾文當年決定放棄行醫時，遭到父親嚴厲的斥責：「你放著正經事不幹，整天只管打獵、捉耗子。」達爾文在自傳上透露：「小時候，所有的老師和長輩都認爲我資質平庸，與聰明是沾不上邊的。」如果他們不是「走自己的路」，而是被別人的評論所左右，怎麼能取得舉世矚目的成就呢？

真正成功的人生，不在於成就的大小，而在於你是否選擇自己做主，不盲從別人，努力地去實現自我，喊出屬於自己的聲音，走出屬於自己的道路。

愛默生曾經說過：「不要讓自己的頭腦成爲別人思想的跑馬場。」貧窮並不可怕，可怕的是做事沒有主見，盲從他人，而把自己心裡最寶貴的東西給放棄了。記住，盲從等於放棄了選擇權，把自己交給別人擺佈。

3 不做成長中的怯懦者

每個人對成長都有自己獨特的詮釋，是磨難、是挑戰、是幸福……但有一點永遠不會變：成長是成敗交替的結合體，是得失相容的五味瓶。人想要不斷成長，並經由成長步向成功，就必須先讀懂失敗、不幸、挫折和痛苦。

獨步人生，我們會遇到種種困難，甚至於舉步維艱，甚至於悲觀失望。征途茫茫，有時看不到一絲星光；長路漫漫，有時走得並不瀟灑浪漫。這個時候，我們只要擁有一顆勇敢無畏的心，就能面對生活，克服困難。

許多初涉職場的人內心有無限憧憬，也有雄心壯志，感覺經濟上可以獨立了，終於可以擺脫對父母的依賴了，終於有發言權了，可以實現自己的價值了……在心中描繪出一片美好未來。但工作不久，才發現現實和自己想像的很不一樣。正如人們常說的那樣：「理想很豐滿，現實卻很骨感」。結果，自信心備受打擊，總是覺得生活得很不舒服，不能全心全意投入工作，在生活中封閉自己，不願意與外界多交流……

這種想法其實是在逃避生活中的不如意，是一種懦弱的行爲。任何人都要經歷走上社會、逐步成熟的過程。各個方面、各個行業都存在著競爭。我們要學會勇敢，要學會在勇敢中找到自我，這是我們立足於生活必須要完成的一門人生功課。勇敢的人會提醒自己：年輕的時光是用來積累知識和閱歷的，既然在這個崗位上，就要珍惜這個學習機會，才能學到在學校學不到的職場技能。

每個人在一生中都會遇到許多麻煩，在面對困難和挫折的時候，膽小懦弱的人往往沒有堅強的意志去克服困難和挫折；勇敢堅強的人則能夠做到持之以恆，憑藉自己堅強的意志戰勝困難和挫折，從而取得成功。

勇敢是人類的美德。在勇敢者面前，一切困難都會迎刃而解；在懦弱者面前，哪怕只是一個小小的困難，也會築起一座堅不可摧的堡壘。

懦弱者的生命也許很長，可他的一生只會寂寞無聲；勇敢者的生命也許很短，但他像春天裡的一聲雷，必將震撼整個大地。

懦弱的人只會想要去生活，但是從來沒有真正地生活過；想要去愛，去獲取一份溫情，卻從來沒有真正地去愛過。因爲懦弱的人都有一種基本的恐懼，那就是對未知的恐懼。懦弱的人總是把自己保護在已知的安全地帶，那是他們最熟悉的世界。而勇敢的靈魂才可能擁有多姿多彩、充滿激情的快樂和幸福。因爲，勇敢的人懂得去面對現實，進而去征服現實。

勇氣，是一種美德，是一種心靈的挑戰，擁有它，你將產生一種特別的氣質。

如果敢於去冒別人不敢冒的險，生活就會愈加充實。因爲，靈魂唯有經歷過巨大的冒險，才能生產出多彩的、豐富的人生。

從前，有三兄弟，他們很想知道自己未來的命運，於是一起去向智者求教。

聽了他們的來意後，智者問道：「據說在遙遠的天竺國的大國寺裡，有一顆價值連城的夜明珠，假如讓你們去取，你們會怎麼做呢？」

大哥說：「我生性淡泊，在我眼裡，夜明珠不過是一顆普通的珠子，我不會前往。」

二弟拍著胸脯說：「不管有多大的艱難險阻，我一定會把夜明珠取回來。」

三弟則愁眉苦臉地說：「去天竺路途遙遠，險象環生，恐怕還沒取到夜明珠，我就沒命了。」

聽完他們的回答，智者微笑著說：「你們的命運已經很清楚了。大哥生性淡泊，不求名利，將來自然難以榮華富貴，但在淡泊之中也會得到許多人的幫助與照顧；二弟性格堅定果斷，意志剛強，不怕困難，可能會前途無量，終成大器；三弟性格優柔懦弱，凡事猶豫不決，命中註定難成大事。」

是勇敢還是懦弱，每個人都有不同的個性，也就註定每個人會有不同的收穫和結局。如果你不願逃避生活的考驗，就請做一個勇於面對生活的人吧！這樣，你的人生才更值得回味！

勇敢錘煉著我們直面人生的膽量，勇敢驅使著我們下定決心向困難邁出第一步，勇敢點燃了我們的激情，促使我們向前奮進！

4 做好規劃，找準要走的路

在生活中，有些人經常會遇到這樣的情況：好不容易到了節假日，很想放鬆一下自己，於是，匆忙打點行裝，要到某個著名的景點去。但當自己背起行裝要走出家門時，才發現自己對那個景點根本就一無所知，甚至該怎麼合理安排這次愉快的行程都不太清楚……

這樣的情況並不罕見，這就如許多初入社會的人，想做一番事業，卻對自己的未來沒有一丁點兒的打算，也沒有方向和目標。如果繼續這樣下去，這些人的人生就會變得越來越盲目。

在遇到困難時，不同的人會有截然不同的態度。有些人面對困難，

「明知山有虎，偏向虎山行」，他們會想方設法排除困難，堅持走下去；還有些人，在遇到困難時，會做出「識時務者爲俊傑」的舉措，他們面對困難，會非常聰明地繞道或者改變路線。

不難看出，那些堅持走自己的路的人，大多對自己的人生有過規劃，知道自己想要什麼樣的人生；而那些繞道或者輕易改變路線的人，對自己的人生或者事業，沒有一個完整的計畫，抱著走一步看一步的想法。

那些堅持不懈的人，必定是將來的成功者，而那些輕易就改弦更張的人，其一生大多是懶懶散散、碌碌無爲。兩種態度決定了兩種人生，當然，這樣的人生是他們自己爲自己「設計」的。

一個人對人生或者事業，沒有充分的準備和打算，不知道自己想要什麼，該怎樣走，是一個致命的錯誤。因爲人沒有目標和打算，就找不准自己的路。心中無路卻想要成功，無疑是癡人說夢。

所以，有計劃地給自己的人生做一個規劃，找准一條要走的路，是減少你在人生路上少走彎路、直通成功的必要條件。因爲有了人生規劃，有了目的地，你做事就會有條不紊、井然有序。因爲目的性非常強，你就不會讓自己左右顧盼，而是專心致志地奔著目標而去，有了這樣的行動，成功自然就指日可待了。

當然，想要找準自己的路，還得有選擇性。別以爲自己精力充沛，可以同時兼顧許多。當你面前橫著好幾條路，你覺得這幾條路都適合走的時候，先別急著走，因爲如果不用心選擇一條路的話，你很有可能是在白白浪費自己的精力，是在做無用功。

有些人看似勤奮刻苦，每天忙忙碌碌，不肯浪費一丁點兒的時間，好像手上永遠有做不完的事。但命運似乎總不「眷顧」他們，他們的付出，都沒有得到相應的回報。

人們常說：「不怕千招會，就怕一招精。」目標太多，想抓到更多，勢必會分散你的時間和精力，你看似在辛苦忙碌，但到頭來只會是一無所獲。倒是那些目標專一、心無雜念的人，走得輕鬆而投入，也能很快到達自己的目的地，獲得成功。

看看那些有大作爲的人，他們哪一個不是一門心思鑽研自己唯一的目標，然後成爲各行各業的精英的？

人生沒有回頭路。所以，在起步之初，就要給自己找准路。別太奢侈，也別貪心。若沒有一個合理的人生規劃，你就是付出再多的努力，也只是揮霍著自己的大把光陰而已。

找準路、找對路，會讓你在成功的路上事半功倍。

5 金子也要能讓人看到

職場中常有這樣的情況：當上級要提升某人時，除了要考核他的業績外，人品也會納入考核之列。而在考核人品時，許多人往往拿到「這人很老實」，或者「這名員工很務實」，或者「低調務實」等評語。能得到這樣的評語當然不是壞事，於是很多人因此患上一種淺微的「心理影響病」。在他們看來，低調成了檢驗一個人人品的唯一佐證，默默不語成了好品行的代名詞，而低調也就順勢成了成功的另一條捷徑。

低調當然不是壞事，但太過低調，卻有把自己往「泥坑」裡推的嫌疑。一粒金子，如果低調到甘願一輩子被深深埋在地下，那麼它這一輩子就會真的無法見到天日而白白浪費；一個女孩買了一件非常漂亮時尚的裙子，但她卻低調到只敢在自己的鏡子前穿，那麼，她穿上這件衣服時的漂亮和嫵媚就永遠不會被人欣賞到。

低調不是壞事，但有時卻不值得提倡，尤其是職場新人，更應該把握好這個度。剛入職場，太過低調的話，不但會埋沒自己的才華，說不定還會把自己的前途給葬送掉。

一朵開在角落裡的花，它只有散發出誘人的芳香，才能吸引人們前來欣賞；當樹上的果子成熟時，它只有通過發出誘人的光澤，才能讓人們把它們摘到手上。而對於職場新人，處境有時就如角落裡的鮮花、懸崖上的果實，你的才華得讓人知道，才能得到別人的欣賞，從而得到自己想要的。

太過低調不是優點，而是缺乏情商的表現。初入職場，低調可以，虛心也應該，但同時，得適時高調，把自己最美的一面展現給別人。不要以爲老闆會有耐心去發現「千里馬」，現在的人才太多了，如果都坐等「伯樂」，那只會讓機會白白溜走。對於老闆來說，一個機靈、懂得「推銷」自己而又實幹的人，總比一個光顧埋頭工作的人強得多。

所以，人想要成功，就得會「包裝」、識「時務」，該出手時無須客氣，讓別人看到自己的努力，同時也讓他們領略自己的風采，雙面夾擊，從而取得成功。

有許多人，在機遇來臨之時，缺乏必要的心理準備，或者因爲膽怯，而眼睜睜放跑了不可多得的成功機會，造成終身遺憾。

那些該出手卻不出手，讓自己貽誤良機的人，往小了說，是不自信，往大了說，就是缺乏判斷事物發展的根本能力。

在人的漫漫一生中，成功的機會並不是每天都有，也不是你這次失去了機會，還可以從其他地方得到彌補。有些機會一旦失去，你有可能今生都與成功無緣。所以，想要得到自己希望抓在手裡的東西，一定要明白，機會不多得，該出手時就出手，要採取把握成功的有力行動。

6 「跟對人」，才能做對事

沒有人能夠在職場獨善其身，因爲你在任何一個地方工作都要融入一個群體。和什麼樣的人在一起，就會確立什麼樣的人生：和勤奮的人在一起，你就不會懶惰；和積極的人在一起，你就不會消沉；與智者同行，你就會不同凡響；與高人爲伍，你就能登上巔峰；和有本事的人共事，你才有更快升職的可能。

有個年輕人請教一位德高望重的智者：「我怎樣才能成功呢？」智

者告訴他，有三個秘訣：第一個是幫成功者做事；第二個是與成功者共事；第三個是請成功者爲你做事。

很顯然，對大多數人來說，這三個秘訣裡最容易實現的還是第一個——幫成功者做事。跟對人往往是成功的第一步。

在美國鄉下住著一個老頭，他有三個兒子。大兒子、二兒子都在城裡工作，小兒子和他一起在農場工作。

有一天，一個人找到老頭，對他說：「尊敬的老人家，我想把你的小兒子帶到城裡去工作，行不行？」

老頭說：「絕對不行，我可就這一個兒子在家陪我了！」

這個人說：「如果我在城裡給你的兒子找個對象，可以嗎？」

老頭搖搖頭：「不行！」

這個人又說：「如果我給你兒子找的對象，也就是你未來的兒媳婦是洛克菲勒的女兒呢？」

老頭想了想，兒子能當上洛克菲勒的女婿？攀上這門親事，那可真是太棒了。於是，他同意了。

過了幾天，這個人找到了石油大王洛克菲勒，對他說：「尊敬的洛克菲勒先生，我想給你的女兒找個對象，可以嗎？」

洛克菲勒說：「對不起，我沒有時間考慮這件事情。」

這個人又說：「如果我給你女兒找的對象，也就是你未來的女婿是世界銀行的副總裁，可以嗎？」

洛克菲勒想了想，被女兒嫁給世界銀行的副總裁這件事打動了。

又過了幾天，這個人找到了世界銀行總裁，對他說：「尊敬的總裁先生，你應該馬上任命一個副總裁！」

總裁先生說：「不可能，這裡這麼多副總裁，我為什麼還要任命一個副總裁呢，而且必須馬上？」

這個人說：「如果你任命的這個副總裁是洛克菲勒的女婿呢？」

總裁先生馬上同意，因為他是洛克菲勒的女婿。

這個故事很有意思，儘管只是杜撰的，卻是一個「借力使力」的好例子。首先「這個人」借助洛克菲勒的女兒，從而讓老人同意他帶走老人的兒子；接著，「這個人」又借助「世界銀行副總裁」，促使洛克菲勒同意將女兒嫁給老人的兒子；最後，「這個人」又借助洛克菲勒，說服世界銀行總裁任命老人的兒子爲副總裁，最後圓滿地達到了預定的目標。由此看來，借力使力，可以讓一件事情出其不意、輕鬆圓滿地得到解決。

什麼是借力使力呢？簡單地講，就是借助別人的力量，來實現自己的目標、目的。通過外部借力的重要性在於：第一，可以讓你在經驗與技能的提高上得到許多指點。第二，你可以站在「巨人的肩膀」上獲得更多的機會，有他們的指點，可以使你避免陷入誤區。第三，作爲資深人士，他們對你的意見與看法，往往能影響到你在組織中的命運。

那麼，新人要如何借力，並順利與這些專業人士建立有效的溝通，取得他們的信任呢？

雅芳護膚品公司CEO鍾彬嫻，是《時代》雜誌評選出來的全球最有影響力的廿五位商界領袖中唯一的華人女性。在許多人心中，她就是個奇蹟。

剛出校門時，鍾彬嫻一無背景，二無後臺，應聘到魯明岱百貨公司做她喜歡的行銷工作。

在那裡，鍾彬嫻結識了職業生涯中的第一位「貴人」——魯明岱百貨公司歷史上的第一位女性副總裁法斯。在法斯的提拔下，鍾彬嫻廿七歲就進入了公司的最高管理層。

後來，她和法斯一起跳槽到瑪格林公司，不久就升到了副總裁的位置。

鍾彬嫻覺得自己的發展空間有限，於是又去了雅芳公司。

在那裡，鍾彬嫻遇到了她的第二位「貴人」——雅芳公司的

CEO普雷斯。由於普雷斯的欣賞和舉薦，加上她個人的努力，鍾彬嫻最終坐上了雅芳公司CEO的位置。

這充分說明：如果你本身有能力，那麼，跟對人就能做對事，你的前程就會少很多彎路，你就能很快達到別人一輩子可能都達不到的巔峰。只要你有機會與巨人站在一起，你真的就成功了一半。但是，前提是你必須要有獨到的眼界和胸懷，要能煉出跟對人的「火眼金睛」。

有以下幾點需要注意：

（1）敢於博弈，練就慧眼很重要。

（2）「貴人」可能是身居高位的人，也可能是讓你欽佩崇敬的人，多是成功人士。這些人往往具有雄才大略，見識異于常人，不驕不傲，不急不躁，做人處世自有風格。他們胸懷大志，眼界開闊，不計較一時的得失；善於學習，善於交往，樂於助人，厚待下屬；不管在什麼環境下，都能自然地影響和控制群體的行爲。

（3）你和跟對的人的關係應該是良師益友，或「伯樂」與「千里馬」的關係，而不是利用與被利用的關係。

此外，你還要不斷地加強「修煉」。使自己強大的方式有兩種：一種是增加自身的知識、能力、金錢、權力等；另一種是增加自己的朋友，特別是增加那些有知識、有能力、有金錢、有權力的朋友。前者通過自身力量的增長使自己強大，後者通過借用周圍人的力量使自己強大。

其實，生活中是不缺「貴人」的，他們可能就是你的朋友、同事或僅僅是萍水相逢的人。所謂「朋友多了路好走」，善待你周圍的人，或許改變你一生的「貴人」，就是你身邊偶然遇見的那個人！

第九章

善良，不等於卑微

愛，是需要距離的，
戀人之間不可能時刻都親密無間。
也許，有時候，
你越好，對方越是不珍惜你的好。
並非愛情不需要善良，
只是，這善良、這付出，必須留點餘地。

1 愛不必卑微

張愛玲說：「女人在愛情中生出卑微之心，一直低，低到塵土裡，然後，從塵土裡開出花來。」

因爲愛，她覺得胡蘭成高貴、偉岸，覺得他是世間最好的男子，他的一切無人企及。遇到了他，她一次次地放低自己，把自己看成一朵卑微的花。他若看到了，她便心生狂喜；他若沒有低頭，她便永遠地埋在塵埃裡。一個充滿才情的女子，一個冷傲倔強的靈魂，在遇到了所愛之人時，竟沒有了飛揚與高貴的脾氣。

在這場愛情的「對決」中，張愛玲輸了。她輸掉的不僅僅是所愛之人，還有那高貴的心靈和從容的姿態。愛到卑微，真的不是一件偉大的事。卑微換不來愛情，也換不來平等與尊重。愛再怎麼可貴，也不足以讓人犧牲自己，放棄尊嚴。

相比張愛玲，瑪格麗特・米切爾愛得更爲高貴。

瑪格麗特生來就有一種反叛的氣質。成年後的她，因為一時衝動，嫁給了酒商厄普肖，可惜這段婚姻不久便以失敗告終。

與其說是厄普肖冷酷無情、酗酒成性毀了這段婚姻，不如說是瑪格麗特的婚姻愛情觀有缺陷。她太迷戀厄普肖了，簡直就是一副仰天崇拜的姿態，如此卑微的愛，助長了厄普肖的狂放不羈，他對瑪格麗特越來越不在乎。

這場失敗的婚姻，讓瑪格麗特明白了女人在婚姻中的平等性。之後，她很快重新振作起來，又與記者約翰・馬什結婚。

瑪格麗特打破了當時的慣例，在門牌上寫下了兩個人的名字。她說：「我要告訴所有人，裡面住著的是兩個主人，他們是完全平等的。」

更奇異的是，她堅決不從夫姓，這讓守舊的社交界大為驚訝。

幸好，約翰．馬什也提倡夫妻之間的平等。與他結為夫婦，是瑪格麗特的幸運。

馬什一直支持和深愛著瑪格麗特，在他的鼓勵和支持下，瑪格麗特開始從事她所喜歡的寫作。十年後，《飄》正式出版，瑪格麗特一夜成名。

在愛情裡，同樣不卑微的還有《傲慢與偏見》裡的珍和伊莉莎白。

簡，班奈特家的大女兒，雖不是商賈貴族出身，卻從不卑微。從接到賓利妹妹的信，到去倫敦為了「巧遇」賓利卻無果而歸，再到賓利上門問候卻沒有任何表示，她燃起的希望一次次地被熄滅。

可是，無論內心多麼煎熬，她看起來仍然波瀾不驚。直到賓利鼓足勇氣扔掉所有的客套與禮貌，大聲表達他的愧疚與歉意時，她才露出了笑容與感動。

在一個貴族男子面前，她沒有自卑，不哭不鬧，端莊溫柔，堅守著「無論你是誰，我還是我」的淡定，著實令人敬畏。

伊莉莎白，班奈特家的二女兒，個性迷人。在那個只能靠嫁個有錢男人改變女人自我價值的年代，她堅守著自己的愛情觀，不因出身平平而趨於權貴，也不用金錢去衡量愛情，在傲慢的達西面前，她沒有絲毫的自卑與怯懦。她也最終贏得了愛情與尊重。

愛得軟弱而卑微的女子，永遠不可能成為幸福的女人。因為她給自己貼上了卑微的標籤，在感情裡是一副討好的姿態。可惜，這樣的姿態，只能換來對方的冷淡和忽視。你愛得越是卑微，越會加速他離開你的步伐，所以，在愛情面前，一定不要自甘卑微。

2 你不是愛人眼中的「誰誰誰」

在愛情裡，女人需要「好自爲之」。你的主角永遠是你自己，「他」的出現，只是因爲你選擇了「他」。不管他是誰，陪你走到哪兒，你都要讓自己的戲隆重地演下去。就算他離開了，你缺少的也只是一個錦上添花的「男配角」，那份來自生命深處的掌聲，那種給予自己幸福的能力，始終掌握在你手裡。

無論愛情還是婚姻，都需要平等和尊重。每個女人都應該做心理上的「女王」，而不是「灰姑娘」。哪怕你再愛一個人，哪怕他是高貴的「王子」，你也要保持理智的頭腦，保持一份該有的驕傲，不要過分殷勤，也不要急於討好。愛得不卑不亢，才能贏得對方的愛和尊敬，你才能掌握愛情的主動權。

生活裡，有一些女子借著愛人的高枝炫耀自己，以爲一生的幸福就是「我是誰的誰」。可惜，「誰的誰」不代表什麼，「誰的誰」也不那麼重要，自己的未來由自己決定。

生活的故事總能被寫進小說，小說的故事也總在生活裡上演。

多年前，魯迅就用一篇《傷逝》告訴世間女子：無論遇到什麼樣的情況，最重要的都是獨立。人要有獨立的經濟能力、獨立的思想，才能獨立生存。

女人不能永遠做一棵依附在橡樹上的常春藤，因爲生活時刻在變化。女人要做一株木棉，作爲樹的形象與對方站在一起，根相握在地下，葉相觸在雲裡，分擔寒潮風雷霹靂，共用霧靄流嵐虹霓，彷彿永遠分離，卻又終身相依。

3 再美的愛情也要有距離

在通往幸福的路上，每個人都渴望有心愛之人的陪伴。可是，有些人能一同抵達幸福的終點，有些人卻在中途分道揚鑣。相愛的刺蝟希望朝朝暮暮在一起，彼此親密無間，最後只能付出生命的代價。若是彼此保持點距離，也許就可以一直相互依偎，不至於落得如此淒慘。

在愛情的旅途中，兩個人該怎樣相扶相攜才能走得更遠呢？愛是需要距離的，戀人之間不可能時刻都親密無間，否則愛情之花就會凋謝。

當女人給予的愛讓男人感到過分沉重的時候，他們便會想要逃離。「享受」愛情變成了「索取」愛情，兩個人的感情就再也沒有最初那般純美了。

愛情是甜蜜的，但它也有「秉性」，這就如同仙人掌，它明明不需要太多的水分，而你卻因爲「愛」拼命地澆灌，結果可想而知。你想要呵護自己的愛情，就必須掌握愛的秘訣，那就是適當地保持距離。真正的愛是有「彈性」的，彼此不是強硬的佔有，也不是軟弱的依附。

相愛的人給予對方的最好禮物是自由，兩個自由人之間的愛，擁有「張力」，這種愛牢固而不板結、纏綿卻不黏滯。沒有縫隙的愛是可怕的、令人生畏的，愛情在其中失去了自由呼吸的空氣，遲早會因窒息而「死亡」。

距離產生美感，彼此間有一點距離的「張力」，才能營造出一種朦朧美，才能將兩個人的心拴得更緊。距離美要求我們對愛堅持「半糖主義」，雙方注意保持一定的距離，給彼此留出空間和自由，這樣的愛才會持久，才不致令人厭倦。

有人說過：「整天做廝守狀的夫妻容易產生敵視與輕視情緒，婚姻的品質也將被毒化。」再美的東西看久了也會膩，相愛的兩個人也需要適時地保持一點距離。這份距離，不只是空間上的距離，而是彼此之間在心靈上要有一點「空隙」。

如果你愛上一個人，請給他一點獨立的空間和擁有隱私的自由吧！讓愛像風箏一樣在天空中飛翔，只要你握緊了手中的線，在需要時把他拉回來，讓他靠近你，這份愛就不會跑掉，而是會永恆地持續下去。

4 愛若不在了，就放開吧

人這一輩子不可能只愛上一個人，對感情的忠貞和專一也不等於盲目堅持或固執己見。該失去的東西早晚都會失去，既然是錯誤就不要再苦苦支撐。放開握緊的手，讓不屬於自己的感情隨風而去，還自己一片清新自然的天空吧。

當你對一個人寄予過高的希望時，你的愛就會變成一種壓力；當你對一段感情過於執著時，你的內心就會變得偏激，甚至癲狂。

人要有放手的胸懷，要有改變現狀的勇氣，更要有重新尋找真愛的信念。俗話說：人不能在一棵樹上吊死。我們的生活本來就是一片充滿生機和希望的大森林，何必對那些不值得的人過分執著，而讓自己丟掉了整片森林呢？

愛情是生命中非常重要的組成部分，可是，不管愛情有多重要，它也不能成爲生活的全部，更不能因爲它而斷送自己未來的幸福，甚至結束自己的生命。有些人註定是我們生命中的「過客」，如果他們選擇了離開，只能說明他們不值得我們去珍惜。不要執著於某個人而不肯放手，這樣只會弄得兩敗俱傷，甚至把自己逼到絕境。

羅丹在第一次見到卡蜜兒．克洛岱爾時，就愛上了她。這一半是因為她那帶著野性的美，另一半則因為她罕見的才氣。同時，卡蜜兒也主動地向這位比自己年長廿四歲的男人，敞開了自己純淨和貞潔的少女世界。

這完全是由於羅丹的天才吸引了她，因為他很有才華。羅丹的一切天性都從屬於雕塑——他炯炯的目光、敏銳的感覺、深刻的思維以及不可思議的手，全都為了雕塑而生，而且時時刻刻閃耀出超人的靈性與非凡的創造力。

雖然當時羅丹還沒有太大的名氣，但他的才氣已經很出眾。正當盛年的羅丹與洋溢著青春氣息的卡蜜兒，如同疾風暴雨、烈日狂潮般，一同擁入他們愛情的酷夏。同時，羅丹也開始了他藝術創作的黃金時代，而此時卡蜜兒不過是青澀的學生。

對卡蜜兒來說，她所做的，是要投身到一場需付出一生代價的殘酷的「愛情遊戲」中去。這是一場「賭博」。因為，羅丹有他長久的生活伴侶羅絲和兒子，但是已經跳進愛情漩渦而又陶醉其中的卡蜜兒不可能回到岸邊重新選擇。

她和他只得躲開眾人的視線，在公開場合裝作若無其事的樣子，尋找任何一個可能的機會，任何一點空間和時間，相互宣洩無盡的愛與無法克制的欲望，兩個人沉浸在無比美妙的情愛中。

羅丹曾對卡蜜兒說：「你被表現在我的所有雕塑中。」可以看出，卡蜜兒不僅給了羅丹一個純潔而忠貞的愛情世界，還給了他感悟藝術的一切。無論是肉體的、情感的，還是心靈的，卡蜜兒給羅丹的太多了。

後來，羅丹名揚天下，卡蜜兒卻一步步走進人生日漸昏暗的陰影裡。卡蜜兒不堪承受長期廝守在羅丹生活圈外的那種孤單與無望，最後精疲力竭，頹唐不堪，終於離開了羅丹，搬到一間破房子裡，離群索居。

她拒絕在任何社交場合露面，每天默默地鑿打著石頭。儘管她極具才華，卻沒有足夠的名氣。人們仍舊憑著印象把她當作羅丹的一個弟子，所以她賣不掉作品，貧窮使她常常受窘並陷入尷尬，還要遭受雇來幫忙的粗雕工的欺侮。

這期間，羅丹已接近成功。他屬於那種活著時就能享受到成功果實的藝術家。他經歷了與卡蜜兒那種迎風搏浪的愛情生活後，又返回平靜的岸邊，回到了在漫長人生之路上與他分擔過生活重負與艱辛的羅絲身旁。

他買了大房子，過著富足的生活，又在巴黎買下了文藝復興時期的豪宅別墅，以應酬上流社會的人物。這期間，還有幾個情人曾進入了他華麗多彩的生活。羅丹並沒有忘記卡蜜兒。他與卡蜜兒的那場轟轟烈烈、電閃雷鳴般的戀愛是刻骨銘心的。

他多次想幫助她，但都遭到高傲的卡蜜兒的拒絕。他只有設法通過第三者在中間迂迴，在經濟上支援她，幫助她樹立名氣，但這些有限的支持對於卡蜜兒而言，都是一種屈辱，是一種更大的傷害。

在絕對的貧困與孤寂中，卡蜜兒感到自己是個被遺棄者。這種感覺對於她而言如同刀子，往日的愛與讚美也都化為了怨恨。她本來激情洋溢的性格，逐漸變得消沉下來。

一九〇五年，卡蜜兒出現妄想症，她身體很糟，脾氣乖戾，狂躁起來會將雕塑全部打碎。一九一三年，卡蜜兒的父親去世，卡蜜兒完全瘋了，她脫光衣服，披頭散髮地坐在那裡。卡蜜兒從此與雕刻完全斷絕，藝術生命就此完結。

一九四三年，她在蒙特維爾格瘋人院中去世。

在瘋人院裡保留的關於卡蜜兒的檔案中注明：卡蜜兒死時沒有財物，甚至連一件紀念品也沒有留下，卡蜜兒自己也認為羅丹把她的一切都掠走了。那麼卡蜜兒本人留下了什麼呢？

卡米爾的弟弟、作家保羅在她的墓前悲涼地說：「卡蜜兒，你獻給我的珍貴禮物是什麼呢？僅僅是我腳下這一塊空空蕩蕩的土地？虛無！一片虛無！」

面對逝去的感情，許多人都只看到了它曾經的美好，只有被這樣的感情弄得遍體鱗傷時才明白，原來愛情不僅僅有美好的一面。其實，誰能保證一生只愛一個人？分手是再正常不過的事情。面對失戀，人如果深陷其中，總想做最後的掙扎，甚至認為自己不能生活得幸福，做出瘋狂的事情，那麼這些都是再愚蠢不過的行為。

人這一輩子就像是一條河流，在遇到險灘的時候，遭遇了激流，因此，便學會了在日後的風雨中如何搏擊。成長就是這樣一種經歷，當「蛻皮」的痛苦漸漸淡去，重新擁有了重新去愛的能力，「蛹化成蝶」的日子也就不期而至了。

5「八分熟」的愛情剛剛好

真的愛上了一個人，女人總希望能愛到百分之百；但當你付出了一百分的熱情時，也就意味著，對男人而言，你不再神秘，他對這段愛情也就不再有幻想的空間了。

大概每個女人，都會經歷突然醒悟的成熟。不徹底經歷這一從「傷」到「悟」的過程，愛的「學分」，就永遠修不及格。

當一個人的關注度過分集中在另一個人身上時，那個人往往會感受到無法承受的沉重。

《東京愛情故事》中，完治對莉香說：「你給的愛太重了，我背負不起！」多麼令人心傷的一句話！有些男女分開，不是因爲不愛，而是因爲太愛。

人的一種本性是：越是無法完完全全擁有和主宰的東西，越是珍惜和重視；越是不費吹灰之力便收入囊中的東西，越不在意它的價値。

女人在戀愛中應該致力於一種「工作」：你若想徹底擁有他，便不能讓他有已然徹底擁有了你的感覺！

讓我們一起看看小白兔的戀愛寓言故事吧：

小白兔有一家糖果鋪，小老虎有一個霜淇淋機。兔媽媽告訴小白兔，如果你喜歡一個人，就給他一顆糖。

小白兔喜歡上了小老虎，忍不住就把整個鋪子送給了他。

回家後兔媽媽問她：「那小老虎喜歡你嗎？」

小白兔直點頭。

媽媽說：「那他為什麼不給你吃個霜淇淋呢？」

小白兔說：「他是要給我來著，我說我不愛吃。」

兔媽媽說：「你真的不愛吃嗎？有七種口味呢，巧克力味的裡面還有你最愛吃的杏仁啊。」

小白兔喃喃地說：「其實我也沒吃過，只是光想著把糖給他了。」

小老虎有了糖果鋪，小白兔說：「不如我幫你把霜淇淋機推到公園去賣吧。」

夏天可真熱啊，霜淇淋每天都賣得光光的，大家都誇小白兔好聰明。小白兔呢，還是一口也捨不得吃。她想等小老虎親手送她一個，小白兔自己也沒發現，她最愛的口味已經變成了香草，想要的也不再只是霜淇淋了。

時間一天天過去了，小白兔還是沒有吃到霜淇淋。倒是隔壁攤子賣餅乾的小熊，給了她一盒小兔子造型的曲奇餅乾。

小白兔留下糖果鋪和霜淇淋機給了小老虎，跟小熊去了更遠的小公園賣餅乾。

兔媽媽問她：「你不是不喜歡吃餅乾嗎，怎麼又收下了呢？」

小兔子揉著紅紅的眼睛說：「我就是餓了。」

後來小兔子聽說，小老虎把霜淇淋機送給了小企鵝，和她一起住在了糖果鋪裡。

小熊把這些告訴小兔子的時候，她耷拉著耳朵呆了很久。

小熊開玩笑似的問她：「你是不是後悔沒有吃個霜淇淋再走呀？」

小白兔愣愣地轉過臉說：「就是有點難受，沒能留些糖給你。」

小兔子賣力地幫著小熊賣餅乾，沒多久又攢了一筆積蓄，買了新的糖果鋪。

這次兔媽媽千叮嚀萬囑咐，她說：「寶寶啊，這糖要慢慢地給，不然以後就不甜了。」

小兔子嘴上連連答應，心裡卻想著小熊收到糖果店該多開心啊。她只知道小熊又加班去了，不知道他小鴨子形狀的餅乾馬上就要烤好了。

小兔子回家看到了偷偷藏起來的小鴨子餅乾，什麼也沒有多問，只是跑回家抱著媽媽大哭了一場。

她嗚咽著和兔媽媽說：「小熊最喜歡吃糖了，我終於可以給他糖果鋪了，他為什麼要離開我呢？」

兔媽媽笑了，她摸摸小兔子的頭說：「當他不愛你了，你的糖就不甜了。」

小兔子還是想不通，只好帶著糖果鋪搬去了更遠的地方。

小鴨子可不是什麼「善類」，她不知從哪裡打聽到了糖果鋪的事。一天飯後，她揶揄地告訴小熊：

「哎呀，你可不知道吧，你心裡最單純的小白兔，背著你用賣餅乾的錢給自己買了好東西呢。」

不久之後，小兔子就收到了小熊的來信。信裡只有短短幾句話，大致是說小兔子走後餅乾鋪子生意一直不好，錢怎麼說也是賣餅乾掙來的，希望小兔子能把糖果鋪還給他。

小兔子看完信後眼睛哭成了桃子，她想起了媽媽的話，把鋪子給了小熊。

兔媽媽說小兔子是「韭菜餡的腦子勾過芡的心」啊，她說，媽媽，其實糖還是甜的，只是人生太苦了。

後來小白兔又愛過幾個人，也都無疾而終。這「缺心眼」的小兔子啊，喜歡上一個人，就會使勁對他好，恨不得掏心掏肺給他看。她以為只有這樣，才能讓愛情活得更久一些。可惜小兔子還不明白，即使是感情，只要太深了，也是「一把刀」。

八成的熱度，足以使一段感情維持在最佳狀態，多出來的那兩成，你需要用它來做更好的自己！

一個女人，若有能力讓自己活得光鮮、活得快樂，便足以吸引男人的目光。愛情中，女人，稍稍「自私」一點，不見得是壞事。這種「自私」，也是另一種「自愛」，證明她對自身價值的信心。

那些想愛卻總被愛所傷的朋友們，在愛情面前，別太心急。在進入戀愛之前，先修好這「八分熟」的學分。這「八分熟」的哲學，能讓戀愛走得更順一些。

在熱戀的時候，全身心地付出，甚至超全身心地付出，容易給對方很大的壓力，讓對方喘不過氣來。你越給，對方往往就越想逃。

所以，當你愛一個人的時候，愛到八分剛剛好。所有的期待和希望都只做到七八分，剩下兩三分用來愛自己。

對待自己的愛人，有時候就像是管孩子，不能撒手不管，也不能一味遷就。好的戀人就像是好的家長，知道細水長流，知道月滿則缺，知道水滿則溢，懂得「度」的使用和技巧，這樣才可以在愛情中成就自己，也同時塑造對方，讓感情的路走得長久、走得甜蜜。

6 沒有愛情，一樣可以幸福

在很多人眼裡，愛情是人生中很重要的一件東西，他們可以爲了愛情放棄事業、放棄親情、放棄友情，甚至放棄自己的生命。順治皇帝在自己的愛妃去世以後，看破紅塵，出家爲僧；羅馬尼亞國王卡羅爾二世爲了愛情兩次放棄王位，帶著心愛的人流亡國外。可見，愛情的力量是很大的。

然而，英國哲學家培根說過：「過度的愛情追求必然會降低人本身的價值。一切真正偉大的人物，沒有一個是因爲愛情而發狂的，因爲偉大的事業抑制了這種軟弱的感情。」在培根眼裡，對一個人來說，最重要的東西，並不是愛情。

愛情的確可以帶給我們幸福和快樂，但是，我們也應該正確地對待愛情，正確地認識它在我們人生中的地位。即便沒有愛情，我們也應該讓自己過得幸福、快樂！

沒有愛情，那就享受自由的快樂和親情的溫暖吧。沒有愛情的日子，同樣可以成爲我們獨特的值得珍惜的人生經歷。

不是每個人都那麼幸運，可以早早地就遇到那個和自己兩情相悅，能夠陪伴自己走過一生的人。沒有愛情的日子，我們也可以讓自己的生活充滿陽光：愛自己、愛親人、愛朋友，去幫助需要幫助的人；自尊、自愛、自信，這也是一種幸福的人生。

第十章

不忘初心，堅守善良

有些人總覺得為人處世難，做個好人難，
做個善良而討人喜歡的人更是難上加難……
其實，只要你給自己的善良帶一點「鋒芒」就可以了，
不忘初心，堅守善良。

1 同流不合汙，宜方又宜圓

古語道：「處治世宜方，處亂世宜圓，處叔季之世當方圓並用；待善人宜寬，待惡人宜嚴，待庸眾之人當寬嚴互存。」意思是：處在太平盛世，待人接物應嚴正剛直；處天下紛爭的亂世，待人接物應隨機應變、圓滑老練；處在國家行將衰亡的末世，待人接物要方圓並濟、交相使用；對待善良的人，態度應當寬厚；對待邪惡的人，態度應當嚴厲；對待一般平民百姓，態度應當寬厚和嚴厲並用。

當我們處於一個「污濁」的環境中時，如果能保持「萬花叢中過，片葉不沾身」的操守，不急於撇清自己與這個世界的關係，這也是方圓之道。

所謂「方圓」，古人早有諸多論述。老子的理想道德是自然、是天地、是天圓地方；孔子的理想道德是中庸、是適度、是不偏不倚。這種觀念作用於人際，便能促成一種更加和諧的平衡。當然，前提是不管外有多「圓」，都要守住內心的「方」，守住自己的道德底線。

其實，很多人之所以不贊成「眾人皆醉我獨醒」式的清高，是因為沒有一個人能夠徹底擺脫這個世界，即便是浮萍，也需要一汪任其漂泊的水，更何況沒有幾個人從心底願意做那無所束縛卻也無依無靠的浮萍。

孫叔敖原來是位隱士，被人推薦給楚莊王，做了令尹。他善於教化引導民眾，因而使楚國上下和睦、國家安寧。

有位孤丘老人很關心孫叔敖，特意登門拜訪，問他：「高貴的人往往有三怨，你知道嗎？」

孫叔敖回問：「您說的三怨是指什麼呢？」

孤丘老人說：「爵位高的人，別人嫉妒他；官職高的人，君王討厭他；俸祿優厚的人，會招來怨恨。」

孫叔敖笑著說：「我的爵位越高，我的心胸越謙卑；我的官職越高，我的欲望越小；我的俸祿越優厚，我對別人的施捨就越普遍。我用這樣的辦法來避免三怨，可以嗎？」

孤丘老人感到很滿意，於是離開了。

孫叔敖按照自己說的去做，避免了不少麻煩，但也並非是一帆風順，他曾幾次被免職，又幾次被覆職。

有個叫肩吾的隱士對此很不理解，就登門拜訪孫叔敖，問他：「你三次擔任令尹，也沒有顯得榮耀；你三次離開令尹之位，也沒有露出憂色。我開始對此感到疑惑，現在看你的氣色又是如此平和，你的心裡到底是怎樣的呢？」

孫叔敖回答說：「我哪裡是有什麼過人的地方啊！我認為官職爵祿的到來是不可推卻的，離開是不可阻止的。得到和失去都不取決於我自己，因此才沒有覺得榮耀或憂愁。況且我也不知道官職爵祿應該落在別人身上，還是應該落在我的身上。落在別人身上，那麼我就不應該有，與我無關；落在我身上，那麼別人就不應該有，與別人無關。我的追求是隨順自然、悠閒自得，哪裡有工夫顧得上什麼人間的貴賤呢！」肩吾對他的話很欽佩。

孫叔敖沒有被免職和複職的風波擾亂心緒，而是保持物來則應、物去不留的淡然心境。爲人處世，我們確實需要一顆方正的心。有圓無方，則太柔，太柔之人缺筋骨、乏魄力、少大志，難以有大作爲；但若有方無圓，則性情太剛，太剛則易折。

「眾人皆濁我獨清，眾人皆醉我獨醒」自有其清高自傲，但很多時候常常只能換來屈原式的含恨離世或文人式的抑鬱不得志。與之相較，同流世俗不合汙，周旋塵境不流俗才是更加明智的選擇。

方圓結合才是處世之道，人只要保持內心的高貴與正直，外在的束縛有時候就不是那麼重要了。

2 人生不怕，更不悔

每個人心中都有理想和願望，有的人雖然很努力，但終其一生也沒得到回報。但他們從來不會後悔自己曾經付出的熱情和汗水。他們勤勤懇懇，從不懈怠，一直執著於心中所愛。他們不害怕未知的明天，也不遺憾於流逝的昨天，無憾無懼地走過一生。

很多年前，一個年輕人打算離開故鄉到遠方開創一片天地。他臨走前，去拜訪本族的族長，聆聽囑咐。

當時，老族長在練字，當聽說年輕人要到外面去闖蕩時，寫下了「不要怕」三個字。然後，族長抬起頭來，對年輕人說：「人生很簡單，總結起來就六個字，先告訴你這三個字，就夠你半生受用了。」

帶著族長送的「不要怕」，年輕人走出了故鄉。很多年後，年輕人已到中年，總算有一些成就，同時，他的內心也裝滿了惆悵。於是他回到了故鄉，第一件事就是去拜訪族長。

但不幸的是老人家已經去世幾年了，族長的家人拿給中年人一封信，說：「這是族長生前寫下留給你的，他知道你會回來的。」這時，他想起來，十幾年前，他臨走時，族長送他的人生秘訣只有一半，於是，他拆開信封，「不要悔」三個大字赫然在目。

故事中族長寫的六個字點透了人生。是的，人在年輕時「不要怕」，對自己的理想和生活要勇敢地追求，不要怕歷盡千山萬水，只要能堅持就要不斷努力，年輕的心應該充滿勇氣並且無所畏懼，用盡全力地生活，去追逐內心的夢想，嘗遍人世間的酸甜苦辣、喜怒哀樂，在度過半生後明白了成功背後的酸甜後，「不要悔」。其實，我們人生的每一步都是獨一無二的財富，都是生命對我們的饋贈，「得之我幸，失之我命」，踏實地走好生活的每一步就好。

年輕的時候不要怕，長大了之後不要悔。在生活中，我們曾路過也曾錯過，這些像一條條畫在人生軌道上的平行線、交叉線。在年少的時候，我們不知道什麼需要努力，只能憑藉有限的知識和最初的勇氣。假如這個時候縮手縮腳，就很難有所成就。

等到閱盡人生，我們才能漸漸體會到人生中的遺憾與失落，許多不完美的往事都漸漸浮現在心頭。這個時候，最需要擁有的是一顆無怨無悔的心。我們要不斷地告訴自己：走過的都是路，唱過的都是歌，而所有的經歷都是一種體驗。

當年，王陽明被貶至貴州龍場，在這個荒涼之地居住著陌生的少數民族，王陽明生活非常困難。同時，還有人派人追殺他，生活異常艱辛和危險的王陽明，幾次從殺手眼皮下逃脫，保全了性命。

這時，王陽明覺得，名利得失他早已看透，唯有生命還沒琢磨透。於是，王陽明就做了個石棺，躺在裡面，對自己説：順其自然，等待命運的安排吧！

這一刻，看透了生死的王陽明，悟透了生與死的意義。他自己省錢盡忠職守，為國、為民鞠躬盡瘁、不遺餘力，即使是死了也沒有遺憾了，所以，他面對生死也能泰然處之。

人生在世，每個人都想要了無遺憾地度過一生，每個人都想讓自己所做的事永遠都是正確的，從而實現自己的預期。但這只能是一種美好的幻想，人不可能不做錯事，也不可能不走彎路。

做錯了事、走了彎路之後，能有積極的反省，也是一件好事，至少可以讓我們今後的人生之路走得更穩健、更從容。因爲反思，所以深刻；因爲憧憬，所以希望。在過去和未來的交織下，才有把握當下、不憂不懼、不憾不悔的人生。

不要怕，是說不要害怕明天的風雨；不要悔，是說不要後悔錯過的霓虹。我們只要好好把握現在，珍惜此刻的擁有，找到活在當下的勇敢和執著，就一定可以收穫美好的人生。

3 不必「城府」太深，也忌「坦率過頭」

凡是「吃過虧」「栽過跟頭」的人都喜歡說這樣一句話：「忠厚是無用的別名。」也許刻薄了一點，但如果我們仔細想一想，就會發現這句話絕不是空穴來風，更不是教人作惡的不良言辭，而是無數「過來人」在屢屢碰壁之後，歸納總結出來的人生警句。

讓我們假設一下，如果你過於忠厚、坦率，別人問什麼話都一一作答，等你明白被人「利用」時，那就後悔也已經來不及了。

很多時候，輕易相信別人，很容易上當。所以我們在說話時應當謹慎，以便給自己留一分可以後退的餘地。

世上總有「人心險惡」的一面，我們要懂得把握分寸。如果總是懷疑一切，拒人於千里之外，說明你不夠坦誠；但若不管對方是什麼人，都傻呵呵地跑過去「掏心窩子」，一廂情願地以爲一定會收到對方善意的回應，就只能說明你相當幼稚了。

誠實與愚蠢之間的區別就在於此。這就要求我們對待不同的人，說話做事一定要有區別！真誠並不等於不假思索地將自己的感覺和想法全部說出來。很多時候，你的想法是否正確尙是一個需要判斷的問題。

在日常生活中，人們對事物的看法多屬仁者見仁，智者見智，無所謂對錯，如個人的衣食住行、穿衣戴帽、興趣愛好等。如果你僅僅以個人主觀喜好來評判一個人的想法、態度或行爲，那麼，你的實話實說只能讓別人對你產生不好的印象。所以要謹記：做人不可「城府」太深，但也忌「坦率過頭」。

4 看透不說透，給人臺階下

在日常生活中，每個人都是愛「面子」的。我們要想在這樣的「人性叢林」裡生存，必須瞭解這一點。

即使你口才如何了得、觀點如何獨到、知識如何淵博，當你在某些場合看穿了別人的劣勢，看到了別人的不足，也只能點到爲止，儘量把「臺階」留給別人；切不可爲了展現你的才華，逮到機會就大發宏論，咄咄逼人，把別人批評得臉一陣紅一陣白，而自己則大呼痛快。這種舉動往往會使你有一天吃到「苦頭」。

事實上，「面子」問題有時也是一種互助，給人「面子」也是給自己「面子」。如果你有意保住別人的「面子」，別人也會如法炮製，給你「面子」，彼此心照不宣，相互「搭台」。

「金無足赤，人無完人」，大家都是「凡夫俗子」，誰能無過？倘若錯誤不明顯，無關大局，其他人也沒發現，你不妨「裝聾作啞」；如果對方的錯誤明顯，確有糾正的必要，最好尋找一種能使當事人意識到而不讓其他人發現的方式糾正，如一個眼神、一個手勢甚至一聲咳嗽，都可能解決問題。

總之，無論如何，要訣就是「看透不說透」，給別人一個「臺階」下。得饒人處且饒人，退一步海闊天空。聰明的人知道什麼時候該靜靜地面帶微笑地聽別人說，知道什麼時候該給別人「打圓場」，知道什麼時候該見好就收，不讓對方有一點的尷尬！

俗話說，打人不打臉，其實就是體現了一個「面子」問題。沒有哪個人是不愛「面子」的，所以在一些無關緊要的事情面前，儘量不要輕易傷及別人的「面子」，這是「過來人」的經驗之談。你維護了別人的「面子」，就是維護了別人的尊嚴，這不僅會讓對方因你的大度而感激你，也充分表現了你的睿智和自信。

「面子」在我們的生活中已滲透到各方面。如果我們把關於「面子」的學問靈活運用，舉一反三，相信你在人際關係的處理中就會得心應手、遊刃有餘，你的路也會因此越來越寬、越來越平坦、越來越開闊。

5 保持清醒，當心被「捧殺」

在生活中，當我們被別人追捧、讚揚的時候，要考慮到別人這麼做的因素是多方面的：因爲愛，就會有偏袒；因爲害怕，就會有不顧事實的討好；因爲有求於人，便會有虛誇。所以，我們必須在一片讚揚聲中，保持足夠清醒的頭腦。

人在稱讚別人時，有時是沒有什麼用意的，但有時卻是別有居心的。所以，受人讚美時不能樂昏了頭，而應在讚美聲中領悟對方的用意，以免「吃虧」上當。過多的甜言蜜語猶如高利貸，聽得越多、信得越切、持續得越久、越要求付出昂貴的代價。

一隻狐狸正在找食物，找了很久也沒找到，這時牠在河邊碰上了一隻仙鶴。

狐狸腦子一轉，計上心來，換了一副笑臉對仙鶴說：「早安，聰明的仙鶴，近來您的身體好嗎？」

「很好，謝謝您！狐狸先生，您有什麼事嗎？」仙鶴很高興地說。

狐狸湊近一點說：「我有些問題想請教您。如果風從北邊吹來，您的頭朝什麼方向轉？」

「當然是朝南面轉啦。」

「如果風從西面吹來，您的頭朝什麼方向轉？」

「朝東。」

「怪不得連人類都誇您聰明呢，要我說您一定是世界上最聰明的動物！」

仙鶴已經有些洋洋得意了。

狐狸又悄悄地向前靠近了一點問：「那如果風從四面八方刮來，您該怎麼辦呢？」

仙鶴已經完全被狐狸的奉承話吹暈了，牠得意地說：「那我就把頭伸進翅膀裡去——像這樣。」

愚蠢的仙鶴邊說邊把頭藏進翅膀下面示範給狐狸看，可是沒等牠再把頭露出來，狐狸就「刷」地往前一撲，狠狠地咬住了仙鶴的脖子。

雖然這只是一則寓言，但是卻能給我們很大的啓示。生活中，我們也會常常聽到讚美聲，無論是真誠的還是別有用心的，我們都應該控制自己，保持冷靜和清醒，以免成爲別人讚美聲中的「犧牲品」。

有多少人曾經在一片讚揚聲中，迷惑了雙眼，最終導致了失敗。最令人扼腕嘆息的恐怕是王安石筆下的方仲永了。

金溪縣有個叫方仲永的人，他家世世代代以種田為業。方仲永五歲時便能作詩，並且詩的文采和寓意都很精妙，值得玩味。縣裡的人對此感到很驚訝，慢慢地都把他的父親高看一等，有的還拿錢給他們。他父親認為這樣有利可圖，便每天拉著方仲永四處拜見縣裡有名望的人，表演作詩，卻不抓緊讓他學習。到後來，方仲永已與普通人無異。他的天分最終被完全「捧殺」了。

和方仲永不同的是，世界上越是偉大的人物，越能夠清楚地認識自己的成功，對待他人的讚美，他們往往是謙虛理智的，有的甚至還很反感別人讚揚他。

在第二次世界大戰中，邱吉爾對英倫之護衛有卓越功勳。戰後在他退位時，英國國會擬通過提案，塑造一尊他的銅像置於公園，讓眾人景仰。一般人享此殊榮高興還來不及，邱吉爾卻一口回絕，他說：「多謝大家的好意，我怕鳥兒喜歡在我的銅像上拉屎，還是請免了吧。」

牛頓，這位傑出的學者、現代科學的奠基人，發現了萬有引力定律、建立了經典力學基礎的牛頓運動定律、出版了《光學》一書、確定了冷卻定律、創制了反射望遠鏡，還是微積分學的創始人……功績顯赫，光彩照人，可當聽到朋友們讚揚他的時候，他卻說：「不要那麼說，我不知道世人會怎麼看我。但在我自己看來，這就好像一個孩子在海邊玩耍的時候，偶爾拾到幾隻光亮的貝殼，對於真正的知識的大海，我還沒有發現呢。」

古今成大事者、大學問者，正是因爲有了能夠正確對待他人讚揚的態度和謙遜好學的精神，才到達人生的光輝頂點的。

在你保持頭腦清醒和冷靜的時候，別人的讚美是對你的贊同、支持和信任，能給你再接再厲的力量，能給你不斷攀登高峰、戰勝困難的信心和勇氣。但一旦你的心被那些讚美聲「融化」，你的眼睛被其蒙蔽，那麼你就可能會和「方仲永」一樣，成爲別人「捧殺」的可憐又可悲的「犧牲品」。

6 拒絕他人巧說「不」

拒絕別人最好不要直言說「不」，而是要講求一定的技巧，語中藏「不」。下面幾種方法可供借鑒。

◎幽默輕鬆，委婉含蓄

辦事都要講求原則，不符合原則的事堅決不能辦。如果某人向你提出的要求，是不符合原則的，不答應該要求，這就叫堅持原則。不能爲保持一團「和氣」而喪失立場，不論什麼樣的關係，該拒絕的一定要拒絕。但同時要保持說話方式的靈活性，根據人際關係的類型和特點，根據語言交往的內容、場合和時間等的不同，採取靈活的策略，做到原則性和靈活性的統一。講究靈活性，很重要的一點是委婉含蓄。

美國前總統佛蘭克林·羅斯福在就任總統之前，曾在海軍部擔任要職。

有一次，他的一位好朋友向他打聽海軍在加勒比海一個小島上建立潛艇基地的計畫。羅斯福神秘地向四周看了看，壓低聲音問道：「你能保密嗎？」

「當然能。」

「那麼，」羅斯福微笑地看著他，「我也能。」

佛蘭克林·羅斯福採用的是委婉含蓄的拒絕，其語言具有輕鬆幽默的情趣，表現了羅斯福高超的語言藝術，在朋友面前既堅持了不能洩露機密的原則立場，又沒有使朋友陷入難堪，達到了極好的語言交際效果。

相反，如果羅斯福表情嚴肅、義正詞嚴地加以拒絕，甚至心懷疑慮，認真盤問對方爲什麼打聽這個、有什麼目的、受誰指使，其結果必然是兩人之間的友情出現裂痕甚至危機。

委婉拒絕是希望對方知難而退。

有人想讓莊子去做官，莊子並未直接拒絕，而是舉了一個例子，說：「你看到太廟裡被當作供品的牛馬了嗎？當它尚未被宰殺時，披著華麗的布料，吃著最好的飼料，的確風光，但一到了太廟，被宰殺成爲犧牲品，再想自由自在地生活著，可能嗎？」

莊子雖沒有正面回答，但一個很貼切的比喻已經回答了讓他去做官是不可能的，這種方法就是委婉拒絕。

◎獻可替否，轉移重心

「獻可替否」是一個成語，意思是建議可行的而替代不該做的。當對別人所託之事自己不能幫忙時，應在講明理由之後，幫忙想一些別的辦法作爲替補。

因爲一般人都有一種補償心理，如果你想的辦法不是很理想，但你已經盡力了，對方的情感便會得到滿足，這在一定程度上減少了失望感；如果你的辦法幫助別人圓滿解決了問題，別人也會很滿意。

◎敷衍式的拒絕，含糊回避

敷衍式的拒絕是最常見的拒絕方法，敷衍是在不便明言回絕的情況下，含糊回避請託人。敷衍是一種藝術，運用好了會取得良好的效果。

有一次莊子向監河侯借貸，監河侯敷衍他，說道：「好！再過一段時間，等我去收租，收齊了，就借你三百兩金子。」

監河侯的敷衍很有水準，不說不借，也不說馬上借，而是說過一段時間收租後再借。這話有幾層意思：一是我目前沒有，現在不能借給你；二是我也不是富人；三是過一段時間不是確指，到時借不借再說。莊子聽後就很明白了。

敷衍式的拒絕具體可分爲以下幾種：

（1）推託其辭

在不便明言相拒的時候，推託其辭是一種比較有策略的辦法。如有人托你辦事，假如你是領導成員之一，你可以說，我們單位是集體上司，像你的事，需要大家討論才能決定。

這就是推託其辭，把矛盾引向了另外的地方。聽者聽到這樣的話，一般都會打「退堂鼓」，會說：「那好吧，既然是這樣，我也不難爲你了，以後再說吧！」

（2）答非所問

答非所問是「裝糊塗」，給請託者以暗示。

如「此事您能不能幫忙？」

「我明天必須去參加會議」。

答非所問，既婉拒了對方，對方也會從你的話語中感受到你的態度。

（3）含糊拒絕

如「今晚我請客，請務必光臨。」

「今天恐怕不行，下次一定來。」

下次是什麼時候，並沒有說定，實際上給對方的是一個含糊不定的概念。對方若是聰明人，一定會聽出其中的意思，不會再強人所難。

（4）做出與問話意思錯位的回答

錯答也是一種機警的語言表達技巧，既可用於嚴肅的交際場合，也可用於風趣的交際場合。它的主要特點是不正面回答問話，也不反唇相譏，而是用話岔開所問，做出與問話意思錯位的回答。

運用錯答的語言技巧，一是要注意對象和場合；二是要使對方明白既是回答又不是回答，潛在語是不歡迎對方的問話；三是要利用問話的含混意思，答話雖模稜兩可，似是而非，但對方也無法責怪。

（5）引用名人名言、俗語或諺語

在拒絕別人的時候，可以引用名人名言、俗語或諺語等來作答，以表明自己的意思，或佐證自己的觀點。這種方式的好處是很明顯的，既增加了說話的權威性與可信度，又省去了許多解釋和說明，還能增添口語的生動性與感染力。

漢光武帝劉秀的姐姐——湖陽公主死了丈夫後，看中了朝中品貌兼優的宋弘。

一次，劉秀招來宋弘，以言相探：「俗話說，人地位高了，就該換自己結交的朋友；人富貴了，就該換自己的妻子，這是人之常情嗎？」

二次，宋弘回答說：「我只聽說過『患難之交不可忘，糟糠之妻不下堂』。」

宋弘自然深知劉秀問話之意，但他進退兩難。應允吧，有悖自己的人品，也對不起貧賤相扶的妻子；含糊其詞吧，會招來麻煩；直言相告吧，既不得體，又有冒犯「龍顏」之患，所以他引用古語來「表態」，委婉而又直截了當地表明瞭自己的態度。

（6）截斷對方的問話或請求

截斷對方的問話或請求，在對方還沒有說出，或者還沒有說完某個意思時，即做出錯答，也是一種很好的拒絕技巧。爲什麼不等對方問清楚，就搶先回答呢？有以下兩種原因：一是等對方把問話全說出來，就會洩露出某種秘密，難以收拾；二是待聽全問話再回答，比較被動，不好應付。

因此，考慮到對方要問什麼，在他的問話未說完時，就迅速按另外一個方向的思路做回答，一是可以轉移其他聽眾的注意力，二是可以使問者領悟，改換話題，免於因說破而造成尷尬局面或其他不良後果。

斷答要求才思敏捷，語言技巧嫺熟。因爲，首先，斷答前要摸准對方的心理，「你一張口我就知道你要問什麼」「未聞全言而盡知其意」，這比錯答的要求要高。其次，要能搶得自然而恰當，能瞞過在場的其他聽話人。

最後，斷答往往需要幾個回合才奏效，因爲搶一兩次，對方往往還不能領悟答話者的真意，或者略略知道而不甘心，繼續發問，這就要求「連搶」多次，才能不漏破綻，達到目的。這種方式難度大，技巧性強，但若運用得當，效果極佳。

（7）幽默對答

一位面孔美麗的女明星對大文豪蕭伯納說：「如果我們結婚，生下的孩子有你的頭腦、我的面孔，那有多好！」

「不，」蕭伯納愁眉苦臉地對答說，「如果生下的孩子有我的面孔、你的頭腦，那有多糟！」

蕭伯納是舉世公認的幽默大師，他的機智能使遭到拒絕的人不那麼難堪，在詼諧中知難而退，這點，正是我們需要學習的。許多難於啓齒的話，在不得不說出來的時候，最好找到最佳的表達方法說出，否則不但達不到目的，還會使友誼決裂。

最好的方法之一，便是以幽默的方式表達，不但效果好，而且也不傷感情，萬一有什麼不快，還可以推說是在開玩笑，不必負責任。

7 聰明不被聰明誤

「君子之心事，天青日白，不可使人不知；君子之才華，玉韞珠藏，不可使人易知。」意思是：君子的內心應該像青天白日一般明朗，光明正大，沒有一絲一毫的陰影與黑暗。但他的才華和能力卻應該像珠玉一樣深深地藏起來，不可輕易向世人炫耀。

三國時期，楊修在曹操手下任主簿，起初曹操很重用他，但楊修卻不安分起來，起先還只是耍耍小聰明。

如有一次有人送給曹操一盒乳酪，曹操吃了一些，就又蓋好，並在蓋上寫了一個「合」字，大家都弄不懂這是什麼意思，楊修見了，就拿起勺子和大家分吃，並說：「這『合』字就是叫人各吃一口啊，有什麼可懷疑的！」

還有一次，工匠正建造新相府，才造好大門的構架，曹操親自來察看，沒說話，只在門上寫了一個「活」字就走了。楊修一見，就令工人把門造窄。別人問為什麼，他說門中加個「活」字不是「闊」嗎，丞相是嫌門太大了。

楊修有個毛病就是不看場合，不分析別人的好惡，只管賣弄自己的小聰明。當然，光是這些也還不會出什麼大問題，誰想他後來竟漸漸地攪和到曹操的家事裡去了。

在封建時代，統治者為自己選擇接班人是一個極為嚴肅的問題，而那些有希望成為接班者的人，簡直都「紅了眼」，所以這種鬥爭往往是最兇殘、最激烈的。但是，楊修卻偏偏不識時務地擠到這場危險的「賭博」裡去，而且還不忘賣弄他的小聰明。

曹操經常會試探曹丕、曹植的才幹，每每拿軍國大事來徵詢他們的意見。楊修就替曹植寫了十多條答案，曹操一有問題，曹植就根據條文來回答。

因為楊修是相府主簿，深知軍國內情，曹植按他寫的答案陳述當然事事中的，曹操心中難免產生懷疑。後來，曹丕買通曹植的隨從，把楊修寫的答案呈送給曹操，曹操氣得兩眼冒火，憤憤地說：「匹夫安敢欺我耶！」

又有一次，曹操讓曹丕、曹植出鄴城的城門，卻又暗地裡告訴門官不要放他們出去。曹丕第一個碰了釘子，只好乖乖回去。

曹植聞知後，又向他的「智囊」楊修問計，楊修乾脆告訴他：「你是奉魏王之命出城的，誰敢攔阻，殺掉就行了。」曹植領計而去，果然殺了門官，走出城去。

曹操知道以後，先是驚奇，後來得知事情真相，愈加氣惱，於是開始打算除掉這個不知趣的傢伙了。

建安二十四年（西元二一九年），劉備進軍定軍山，他的大將黃忠殺死了曹操的愛將夏侯淵，曹操親自率軍到漢中來和劉備決戰，但戰事不利，要前進害怕劉備，要撤退又怕被人恥笑。

一天晚上，護軍來請示夜間的口令，曹操正在喝雞湯，就順口說了句：「雞肋。」

楊修聽到以後，便又耍起小聰明來，居然不等上級命令，只管命令隨從軍士收拾行裝，準備撤退。曹操知道以後，他竟說：「魏王傳下的口令是『雞肋』，可雞肋這玩意兒，棄之可惜，食來無味，正和我們現在的處境一樣，進不能勝，退恐人笑，久駐無益，不如早歸。所以我才先準備起來，免得臨時慌亂。」

曹操一聽，差點氣炸，大怒道：「匹夫怎敢造謠亂我軍心！」於是喝令刀斧手，把楊修推出去斬首，並把其首級懸掛在轅門之外，以讓不聽軍令者為戒。

雖然曹操事後不久果真退了兵，但平心而論，楊修之死也確實不冤。試想兩軍對壘，是何等重大之事，怎能根據一句口令，就賣弄自己的小聰明，隨便行動呢？無論有沒有前面所說的那些芥蒂，單這一點也足以說明楊修其人是恃才傲物、我行我素、只相信自己而不考慮事情的後果的。我們應把他作爲前車之鑑，切不可把他當成聰明的楷模。

每個人都有表現自己的欲望，特別是當別人還沒有發現自己的長處時，那種欲望就愈發強烈。表現欲是爲了證明自己的優秀，但「表現」和優秀有時並不成正比，決定優秀的是成績，不是表現。

過分表現有時會引起他人的不滿、妒忌，這會使表現效果大打折扣。更可怕的是，當「出風頭」成爲一種習慣時，人就會忘乎所以，在各種場合顯擺自己、炫耀自己，這種行爲帶來的不是他人的肯定，而只會暴露出自己的膚淺。所以，聰明要適可而止，不可過分賣弄。

你的善良和你的鋒芒

作者：馬一帥
發行人：陳曉林
出版所：風雲時代出版股份有限公司
地址：10576台北市民生東路五段178號7樓之3
電話：(02) 2756-0949
傳真：(02) 2765-3799
執行主編：朱墨菲
美術設計：吳宗潔
行銷企劃：林安莉
業務總監：張瑋鳳

初版日期：2019年12月
版權授權：馬峰
ISBN：978-986-352-773-2

風雲書網：http://www.eastbooks.com.tw
官方部落格：http://eastbooks.pixnet.net/blog
Facebook：http://www.facebook.com/h7560949
E-mail：h7560949@ms15.hinet.net
劃撥帳號：12043291
戶名：風雲時代出版股份有限公司

風雲發行所：33373桃園市龜山區公西村2鄰復興街304巷96號
電話：(03) 318-1378
傳真：(03) 318-1378
法律顧問：永然法律事務所 李永然律師
北辰著作權事務所 蕭雄淋律師

行政院新聞局局版台業字第3595號 營利事業統一編號22759935

定價 ：280元

國家圖書館出版品預行編目資料

你的善良和你的鋒芒 / 馬一帥著. -- 臺北市：風雲時代, 2019.11 面； 公分

ISBN 978-986-352-773-2 (平裝)
1.人際關係 2.生活指導

177.3 108015675